JN040989

学ぶ人は、変えてゆく人だ。

目《め》の前《まえ》にある問題《もんだい》はもちろん、

人生《じんせい》の問《と》いや、社会《しゃかい》の課題《かだい》を自《みずか》ら見《み》つけ、

挑《いど》み続《つづ》けるために、人《ひと》は学《まな》ぶ。

「学《まな》び」で、少《すこ》しずつ世界《せかい》は変《か》えてゆける。

いつでも、どこでも、誰《だれ》でも、

学《まな》ぶことができる世《よ》の中《なか》へ。

旺文社《おうぶんしゃ》

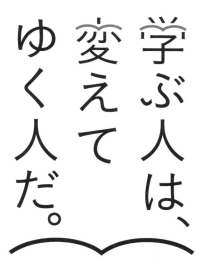

小学校の国語のだいじなところがしっかりわかるドリル

旺文社

もくじ

編集協力：有限会社マイプラン　装丁イラスト：日暮真理絵
デザイン：小川 純（オガワデザイン）、福田敬子（ボンフエゴ デザイン）
校正：多田祐子、中村悠季

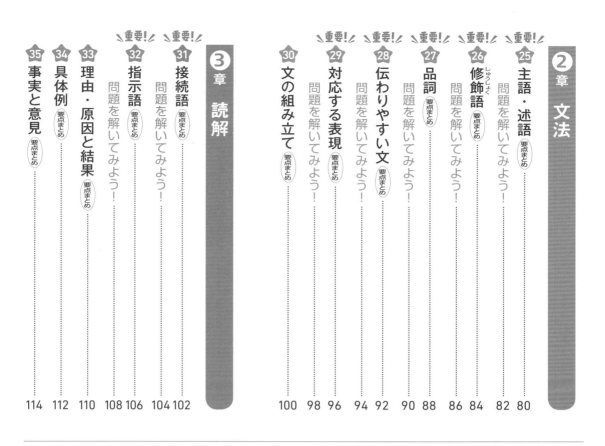

本書の特長と使い方

本書は、小学校の内容をまるごと復習し、さらに中学の学習にもつながる重要なところは問題演習まで行うことで、中学の学習にスムーズに入っていけるよう、工夫されたドリルです。

要点まとめ

図やイラストでイメージしながらまるごと復習!

重要! 重要マークがあるところは中学の学習でも出てくる内容です。演習もあるので取り組んでみましょう。

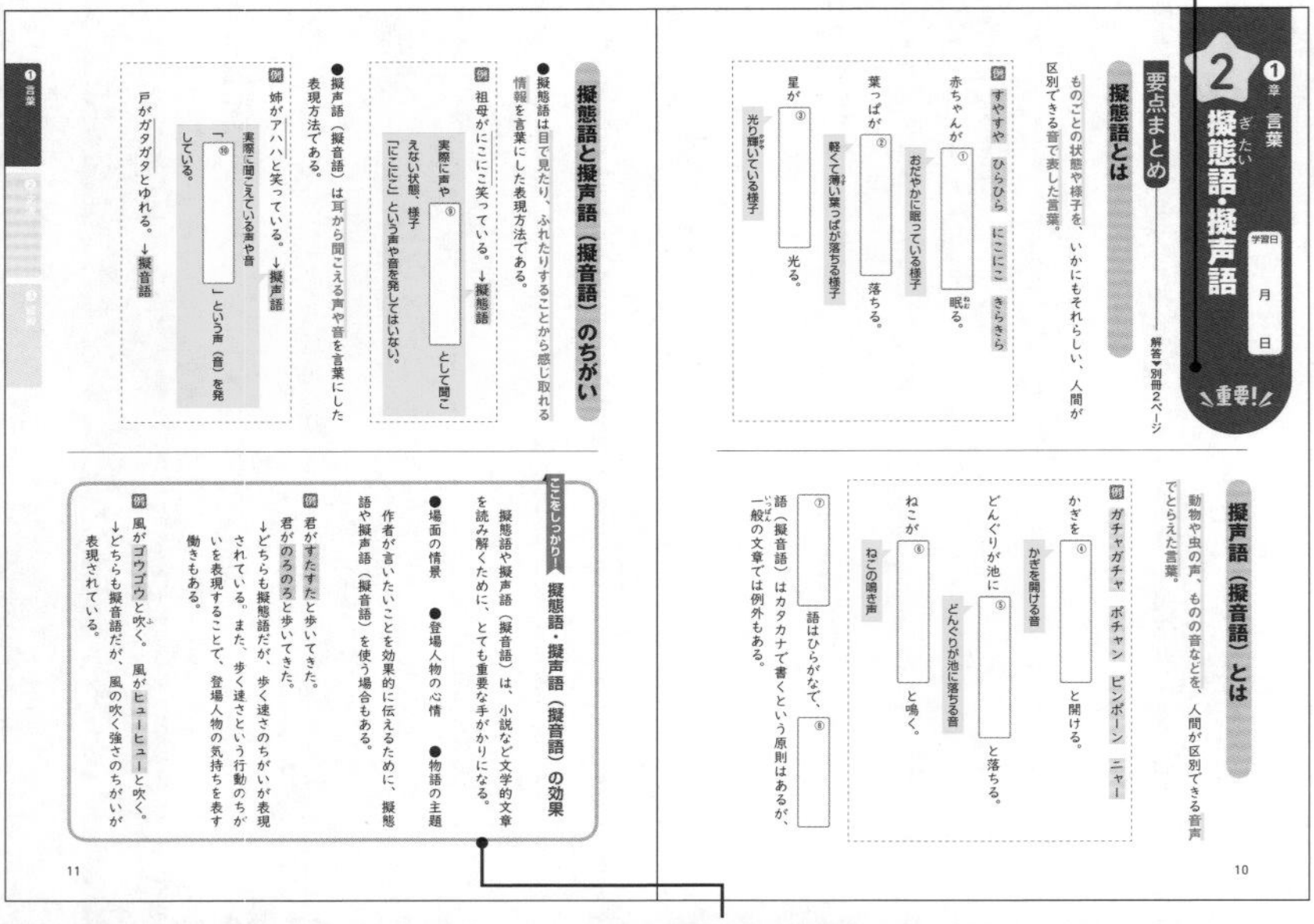

①章 言葉

2 擬態語《ぎたい》・擬声語

学習日 月 日

重要!

要点まとめ　解答▼別冊2ページ

擬態語とは

ものごとの状態や様子を、いかにもそれらしい、人間が区別できる音で表した言葉。

例 すやすや　ひらひら　にこにこ　きらきら

赤ちゃんが ① 眠《ねむ》る。（おだやかに眠っている様子）

葉っぱが ② 落ちる。（軽くて薄《うす》い葉っぱが落ちる様子）

星が ③ 光る。（光り輝《かがや》いている様子）

擬声語（擬音語）とは

動物や虫の声、ものの音などを、人間が区別できる音声でとらえた言葉。

例 ガチャガチャ　ポチャン　ピンポーン　ニャー

かぎを ④ と開ける。（かぎを開ける音）

どんぐりが池に ⑤ と落ちる。（どんぐりが池に落ちる音）

ねこが ⑥ と鳴く。（ねこの鳴き声）

⑦ 語はひらがなで、⑧ 語（擬音語）はカタカナで書くという原則はあるが、一般《いっぱん》の文章では例外もある。

10

擬態語と擬声語（擬音語）のちがい

●擬態語は目で見たり、ふれたりすることから感じ取れる情報を言葉にした表現方法である。

例 祖母がにこにこ笑っている。↓擬態語

実際に声や ⑨ として聞こえない状態、様子

「にこにこ」という声や音を発してはいない。

●擬声語（擬音語）は耳から聞こえる声や音を言葉にした表現方法である。

例 姉がアハハと笑っている。↓擬声語

実際に聞こえている声や音

「 ⑩ 」という声（音）を発している。

戸がガタガタとゆれる。↓擬音語

ここをしっかり! 擬態語・擬声語（擬音語）の効果

擬態語や擬声語（擬音語）は、小説など文学的文章を読み解くために、とても重要な手がかりになる。

●場面の情景　●登場人物の心情　●物語の主題

作者が言いたいことを効果的に伝えるために、擬態語や擬声語（擬音語）を使う場合もある。

例 君がすたすたと歩いてきた。

君がのろのろと歩いてきた。

↓どちらも擬態語だが、歩く速さのちがいが表現されている。また、歩く速さという行動のちがいを表現することで、登場人物の気持ちを表す働きもある。

例 風がゴウゴウと吹《ふ》く。風がヒューヒューと吹く。

↓どちらも擬音語だが、風の吹く強さのちがいが表現されている。

11

中学ではどうなる?  小学校で学習した内容が、中学でどう発展していくのかを紹介しています。

ここをしっかり! いまのうちにしっかり理解して、覚えておきたい内容をまとめています。よく読んでおきましょう。

問題を解いてみよう!

①章 言葉　2 擬態語・擬声語

学習日 月 日

問題を解いてみよう!　解答・解説▼別冊2ページ

1 次の(1)~(8)の□にあてはまる言葉を、あとから選んで書きなさい。（同じ言葉は二度使えません。）

(1) はちが□飛び回る。

(2) 母が□とせきをしている。

(3) 兄が□と怒《おこ》っている。

(4) テレビを見て目が□する。

(5) 川が□流れる。

(6) パンを□食べる。

(7) カーテンが□ゆれる。

(8) 犬が□鳴く。

ぽたぽた　ぱくぱく　コホコホ　ブンブン　ワンワン　ぷんぷん　ゆらゆら　ちかちか　にこにこ　さらさら

2 次の(1)~(4)の□にあてはまる言葉を、あとから選んで書きなさい。（同じ言葉は二度使えません。）

(1) □が、オギャーと泣く。

(2) □が、パカパカと走る。

(3) □が、ちらちら降る。

(4) □が、ドンドン鳴る。

雪　赤ちゃん　馬　たいこ

3 次の(1)~(4)の――のうち、擬態語《ぎたい》にあたるものはア、擬声語（擬音語）にあたるものはイを書きなさい。

(1) 鳥のひながすくすくと育つ。

(2) せんべいをばりばり食べる。

(3) 大雨がざあざあと降っている。

(4) 物語の続きをわくわくして待つ。

12

4 次の(1)~(8)の□にあてはまる言葉を、あとから選んで記号で書きなさい。（同じ言葉は二度使えません。）

(1) コーチはいつも□とかまえている。

(2) たけのこが□と大きくなる。

(3) なべでお湯が□と煮《に》える。

(4) ボールが□転がる。

(5) 思い切って□と長いかみの毛を切る。

(6) 問題を□と解く。

(7) 初めておとずれた街を□見回す。

(8) ちらかった部屋を□と片付ける。

ア すらすら　イ ころころ　ウ ぐつぐつ　エ てきぱき　オ どっしり　カ ぐんぐん　キ ばっさり　ク きょろきょろ

5 次の(1)~(6)の□にあてはまる言葉を、あとから選んで記号で書きなさい。（同じ言葉は二度使えません。）

(1) 母は、学生時代の友達と久しぶりに会えるからと□と出かけた。

(2) 楽しみにしていた発表会で失敗してしまい、次の日も□してしまった。

(3) 彼《かれ》は毎日の努力が実って、□と成績が上がっているらしい。

(4) 昨日、夜ふかしをしたせいか、朝からとても眠《ねむ》くて、□した。

(5) 公園で転んでけがをしたひざが、夜になっても□と痛む。

(6) 図書館で借りたミステリー小説を読んで、先がどうなるのか□した。

ア めきめき　イ はらはら　ウ くよくよ　エ いそいそ　オ うとうと　カ ずきずき

13

重要マークがある単元は、演習問題でしっかり定着!

完成テスト

完成テストで定着度とのびしろを確認!

完成テスト 言葉・文法編 解答・解説▼別冊27ページ 学習日 月 日 得点 ／100

1 次の(1)~(5)の熟語の構成として最も適切なものを、あとから選んで記号で書きなさい。〔1つ2点×5〕

(1) 私立〔　〕 (2) 収支〔　〕
(3) 読書〔　〕 (4) 混乱〔　〕
(5) 前日〔　〕

ア 似た意味の漢字を組み合わせたもの
イ 対《つい》になる意味の漢字を組み合わせたもの
ウ 上の漢字が下の漢字を修飾《しゅうしょく》するもの
エ 「…に」「…を」の部分が下にくるもの
オ 上の漢字が主語、下の漢字が述語になるもの

2 次の(1)~(5)の言葉と対義語になるように、あとの漢字を組み合わせてそれぞれ二字熟語を書きなさい。(同じ漢字は二度使えません。)〔1つ2点×5〕

(1) 立体〔　〕 (2) 義務〔　〕
(3) 形式〔　〕 (4) 強制〔　〕
(5) 解散〔　〕

任 集 面 意 内
利 権 容 平 合

3 次の(1)~(5)のことわざの意味として最も適切なものを、あとから選んで記号で書きなさい。〔1つ2点×5〕

(1) 急がば回れ〔　〕
(2) かっぱの川流れ〔　〕
(3) 二階から目薬〔　〕
(4) 焼け石に水〔　〕
(5) えびで鯛《たい》を釣《つ》る〔　〕

ア 少しの元手で大きな利益を得ること。
イ どんな名人でも失敗はあるということ。
ウ 少しの助けであり、役に立たないこと。
エ 時間がかかっても安全な方がよいということ。
オ 効果が期待できず、もどかしいこと。

136

4 次の(1)~(5)の各文の□に入る漢字を考えて、――線部の四字熟語を完成させなさい。〔1つ2点×5〕

(1) 兄はマラソン大会で、空□絶□の記録を打ち立てた。
(2) 栄養があって腹持ちがよい、一石□□のメニューをつくる。
(3) 人にたよらず、自分の力で□立□歩の道を進みたい。
(4) 君の意見を聞いて、みんなが異□同□に賛成した。
(5) 山本さんと好きな野球の話で盛り上がり、すっかり□気□合した。

5 次の(1)~(5)の――線部を【　】の敬語に直して、指定の字数でそれぞれひらがなで書きなさい。〔1つ2点×5〕

(1) お父様と同じ道をすすむのですね。【尊敬語・五字】
(2) これから教える内容です。【謙譲《けんじょう》語・六字】
(3) あなたの本はここにある。【丁寧《ていねい》語・五字】
(4) 先生はすぐにもどる予定です。【尊敬語・七字】
(5) 贈《おく》り物のケーキを食べる。【謙譲語・四字】

137

別冊 解答解説

＼とりはずせる／

① 章 言葉

1 かなづかい

要点まとめ ▼本冊 P.8

①こんにちは ②じめん ③そこぢから
④ひもづける ⑤しいたけ ⑥くうはく
⑦せいりつ ⑧おうさま ⑨とおりみち

2 擬態語・擬声語

要点まとめ ▼本冊 P.10

①すやすや ②ひらひら ③きらきら
④ガチャガチャ ⑤ポチャン ⑥ニャー
⑦擬態 ⑧擬声 ⑨音 ⑩アハハ

問題を解いてみよう! ▼本冊 P.12

1 (1)ブンブン (2)コホコホ
(3)ぶんぶん (4)ちかちか (5)さらさら
(6)ぱくぱく (7)ゆらゆら (8)ワンワン

解説
(1)「ブンブン」は虫が飛ぶ音などを表します。
(2)「コホコホ」はせきをしたときの音などを表します。
(3)「ぷんぷん」は怒っているときの様子などを表します。
(4)「ちかちか」は強い光のせいで目が痛むような様子などを表します。
(5)「さらさら」はよどみなく軽やかに流れる様子などを表します。
(6)「ぱくぱく」は勢いよく食べる様子などを表します。
(7)「ゆらゆら」はゆるやかにゆれ動く様子などを表します。
(8)「ワンワン」は犬の鳴く声などを表します。
大切 文に表現されている状態や様子を読み取り、あてはまる擬態語や擬声語(擬音語)を考えます。

2 (1)赤ちゃん (2)馬 (3)雪 (4)たいこ

解説
(1)「オギャー」は赤ちゃんが泣く声などを表します。
(2)「パカパカ」は馬が軽やかに歩くときのひづめの音などを表します。
(3)「ちらちら」は小さな軽いものが細かに動きながら落ちる様子などを表します。
(4)「ドンドン」は続けて強く打つ音などを表します。
大切 擬態語や擬声語(擬音語)が、主語を考える手がかりになることがあります。

3 (1)ア (2)イ (3)イ (4)ア

解説
(1)(4) 実際の音声ではなく様子を表しているので擬態語です。
(2)(3) 音声を言葉にしているので擬声語(擬音語)です。
大切 音声を表しているものが擬声語(擬音語)で、音声ではない状態や様子を表しているものが擬態語です。

4 (1)オ (2)カ (3)ウ (4)イ (5)キ
(6)ア (7)ク (8)エ

解説
(1)「どっしり」は落ち着いていて重々しい様子などを表します。
(2)「ぐんぐん」は勢いよく進行する様子などを表します。
(3)「ぐつぐつ」は強い火力で煮込む音や様子などを表します。
(4)「ころころ」は小さなものが転がっていく様子などを表します。
(5)「ばっさり」は思い切って捨てたりけずったりする様子などを表します。
(6)「すらすら」は物事がとどこおりなくなめらかに運ぶ様子などを表します。
(7)「きょろきょろ」は落ち着きなく目を動

2

「要点まとめ」の穴うめ問題の答えと、「問題を解いてみよう!」「完成テスト」の答えと解説は別冊にのっています。答え合わせまでしっかりやりましょう。

のびしろチャート

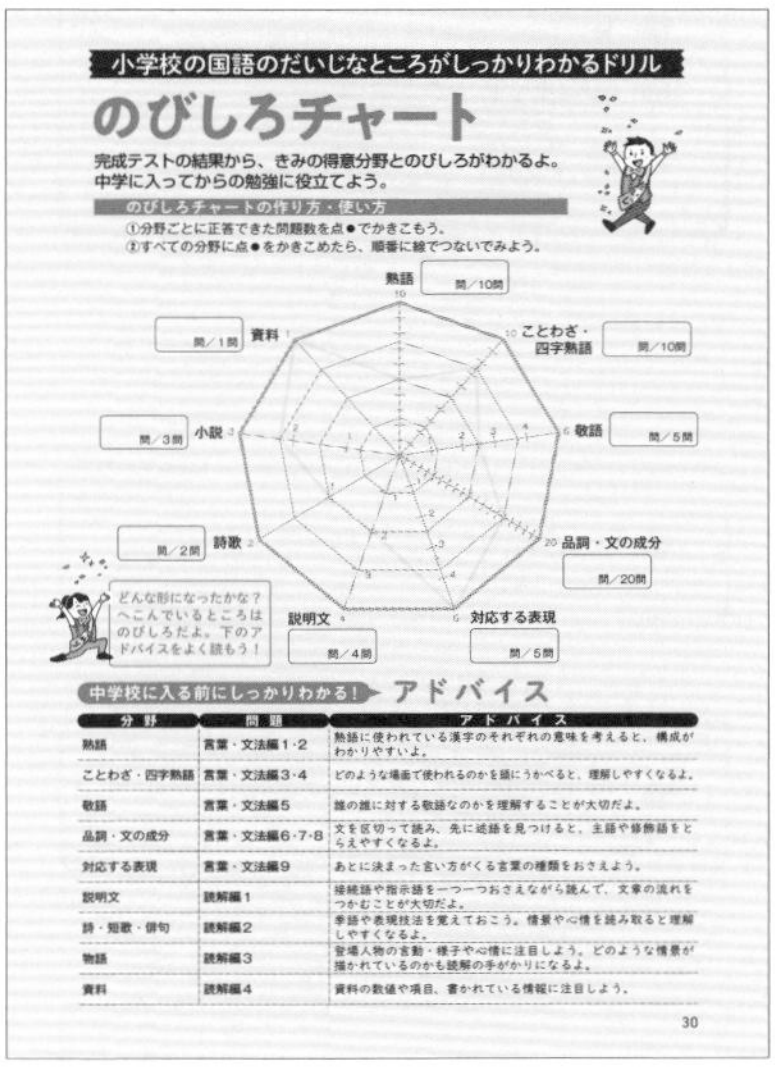

小学校の国語のだいじなところがしっかりわかるドリル

のびしろチャート

完成テストの結果から、きみの得意分野とのびしろがわかるよ。
中学に入ってからの勉強に役立てよう。

のびしろチャートの作り方・使い方

①分野ごとに正答できた問題数を点●でかきこもう。
②すべての分野に点●をかきこめたら、順番に線でつないでみよう。

中学校に入る前にしっかりわかる! アドバイス

分野	問題	アドバイス
熟語	言葉・文法編1・2	熟語に使われている漢字のそれぞれの意味を考えると、構成がわかりやすいよ。
ことわざ・四字熟語	言葉・文法編3・4	どのような場面で使われるのかを頭にうかべると、理解しやすくなるよ。
敬語	言葉・文法編5	誰の誰に対する敬語なのかを理解することが大切だよ。
品詞・文の成分	言葉・文法編6・7・8	文を区切って読み、先に述語を見つけると、主語や修飾語をとらえやすくなるよ。
対応する表現	言葉・文法編9	あとに決まった言い方がくる言葉の種類をおさえよう。
説明文	読解編1	接続語や指示語を一つ一つおさえながら読んで、文章の流れをつかむことが大切だよ。
詩・短歌・俳句	読解編2	季語や表現技法を覚えておこう。情景や心情を読み取ると理解しやすくなるよ。
物語	読解編3	登場人物の言動・様子や心情に注目しよう。どのような情景が描かれているのかも読解の手がかりになるよ。
資料	読解編4	資料の数値や項目、書かれている情報に注目しよう。

30

完成テストに取り組み、答え合わせができたら、別冊p.30の、「のびしろチャート」を完成させましょう。

中学校からの学習内容

- 音読み・訓読み
- 漢字のなりたち
- 部首・画数
- 送りがな
- 同訓異字
- 同音異字
- 熟字訓
- 熟語の構成
- 類義語・対義語
- 多義語
- 和語・漢語・外来語
- 複合語
- 慣用句
- ことわざ
- 故事成語
- 三字熟語・四字熟語
- 敬語

新たに1,000以上の漢字を習うよ。

言葉の知識は、説明的文章や文学的文章の読解にも役立つよ。

故事成語は、中国の故事とともに学ぶよ。

場面に応じた使い方を学習するよ。

- 言葉の単位
- 文節
- 単語
- 自立語・付属語

主語や述語、修飾語の構成をおさえると読解しやすくなるよ。

文を意味や働きで区切った単位が単語、自然に読める単位で区切ったものが文節だよ。

- 説明的文章の読解

社会や文化、自然科学などさまざまなテーマの文章を読むよ。

- 文学的文章の読解

近代から現代までに書かれた、さまざまな小説や随筆を扱うよ。

- 詩・俳句・短歌の鑑賞

俳句は五・七・五、短歌は五・七・五・七・七の音で構成されるよ。

- 資料

表やグラフを読み取るよ。

- 古典

日本の古文や中国の漢文を扱うよ。

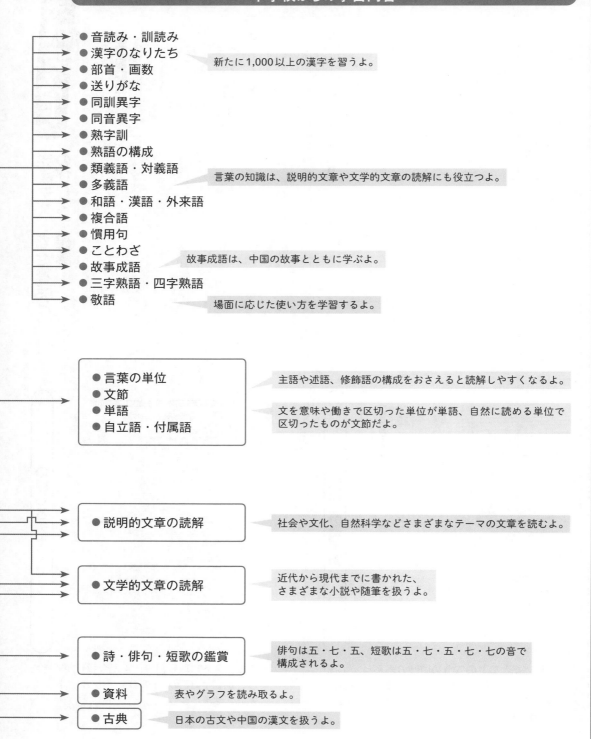

学習の見取り図

小学校で学習した内容が、どんな風に中学校での学習につながっていくのかを一覧にまとめました。

小学校の学習内容

※赤字の部分は『重要!』のページです。

1 かなづかい

学習日　月　日

要点まとめ

解答▼別冊2ページ

現代かなづかいの決まり

(1) 原則として発音どおりに表記

(2) 助詞の「を・は・へ」(「オ・ワ・エ」と発音する)
↓「を・は・へ」と表記

例 ぼくは、自分の部屋へ行って、本を読んだ。
（助詞）（助詞）（助詞）

×こんにちわ ↓ ○ ①［　　　］
もともとは「今日は《こんにち》」という表現

(3) 拗音《ようおん》(ねじれる音)を表す「や・ゆ・よ」、促音《そくおん》(つまる音)を表す「つ」↓小文字で表記

例 しゃかい(社会)　きゅうしょく(給食)
さっき　うっかり

(4) 「言う」(「ユウ」と発音することがある)↓「いう」と表記

(5) 「ぢ・づ」↓原則として「じ・ず」と表記
※二語が結びついて「ち・つ」がにごる場合、同音が続いて下の「ち・つ」がにごる場合
↓「ぢ・づ」と表記

例 はなぢ(鼻血)（はな+ち）　ちぢむ(縮む)（ち+ち）

×ぢめん(地面) ↓ ○ ②［　　　］
「ち」とも「じ」とも読む
ぢ ← じ+めん(×ち+めん)

×そこじから(底力) ↓ ○ ③［　　　］
そこ+ちから

×ひもずける ↓ ○ ④［　　　］
ひも+つける

(6) 長音（のばす音）→それぞれのかなで表記

例
・おかあさん　ア段＋あ
・おにいさん　イ段＋い
・ゆうがた（夕方）　ウ段＋う

×しーたけ → ○ ⑤　イ段＋い

×くーはく（空白）→ ○ ⑥　ウ段＋う

●エ段の長音→「い」または「え」で表記

例
・れいぞうこ（冷蔵庫）　エ段＋い
・おねえさん　エ段＋え

×せえりつ（成立）→ ○ ⑦　エ段＋い

●オ段の長音→「う」または「お」で表記

例
・おとうさん　オ段＋う
・おおきい（大きい）　オ段＋お

×おおさま（王様）→ ○ ⑧　オ段＋う

×とうりみち（通り道）→ ○ ⑨　オ段＋お

●擬声《ぎせい》語（擬音《ぎおん》語）→長音表記の決まりから外れてもよい

例
・キャーとさけぶ　擬声語
・雨がザーザー降る　擬音語

中学ではどうなる？

古典のかなづかい

現在私たちが使う言葉を口語《こうご》（現代語）というが、中学で習う古典では、江戸《えど》時代までに使われていた言葉である文語《ぶんご》（古典語）が使われている。口語と文語とではかなづかいが異なっているが、文語のかなづかいを、歴史的かなづかいという。たとえば、「川」や「言う」を、文語では「かは」、「いふ」と書く。また、現代では用いない「ゐ（い）」「ゑ（え）」というかなもある。

2 擬《ぎ》態《たい》語・擬声語

学習日　月　日

重要！

要点まとめ

解答▼別冊2ページ

擬態語とは

ものごとの状態や様子を、いかにもそれらしい、人間が区別できる音で表した言葉。

例 すやすや　ひらひら　にこにこ　きらきら

赤ちゃんが ① 眠《ねむ》る。（おだやかに眠っている様子）

葉っぱが ② 落ちる。（軽くて薄《うす》い葉っぱが落ちる様子）

星が ③ 光る。（光り輝《かがや》いている様子）

擬声語（擬音語）とは

動物や虫の声、ものの音などを、人間が区別できる音声でとらえた言葉。

例 ガチャガチャ　ポチャン　ピンポーン　ニャー

かぎを ④ と開ける。（かぎを開ける音）

どんぐりが池に ⑤ と落ちる。（どんぐりが池に落ちる音）

ねこが ⑥ と鳴く。（ねこの鳴き声）

⑦ 語はひらがなで、⑧ 語（擬音語）はカタカナで書くという原則はあるが、一般《いっぱん》の文章では例外もある。

擬態語と擬声語（擬音語）のちがい

●擬態語は目で見たり、ふれたりすることから感じ取れる情報を言葉にした表現方法である。

例 祖母がにこにこ笑っている。→擬態語

実際に声や ⑨［　　　］として聞こえない状態、様子「にこにこ」という声や音を発してはいない。

●擬声語（擬音語）は耳から聞こえる声や音を言葉にした表現方法である。

例 姉がアハハと笑っている。→擬声語

実際に聞こえている声や音「⑩［　　　］」という声（音）を発している。

戸がガタガタとゆれる。→擬音語

ここをしっかり！ 擬態語・擬声語（擬音語）の効果

擬態語や擬声語（擬音語）は、小説など文学的文章を読み解くために、とても重要な手がかりになる。

●場面の情景　●登場人物の心情　●物語の主題

作者が言いたいことを効果的に伝えるために、擬態語や擬声語（擬音語）を使う場合もある。

例 君がすたすたと歩いてきた。
君がのろのろと歩いてきた。
↓どちらも擬態語だが、歩く速さのちがいが表現されている。また、歩く速さという行動のちがいを表現することで、登場人物の気持ちを表す働きもある。

例 風がゴウゴウと吹《ふ》く。風がヒューヒューと吹く。
↓どちらも擬音語だが、風の吹く強さのちがいが表現されている。

学習日 月 日

問題を解いてみよう！

解答・解説▼別冊２ページ

1

次の(1)～(8)の□にあてはまる言葉を、あとから選んで書きなさい。（同じ言葉は二度使えません。）

(1) はちが□飛び回る。 〔　〕
(2) 母が□とせきをしている。 〔　〕
(3) 兄が□と怒《おこ》っている。 〔　〕
(4) テレビを見て目が□する。 〔　〕
(5) 川が□流れる。 〔　〕
(6) パンを□食べる。 〔　〕
(7) カーテンが□ゆれる。 〔　〕
(8) 犬が□鳴く。 〔　〕

ぽたぽた　ぱくぱく　コホコホ　ブンブン
ワンワン　ぷんぷん　ゆらゆら
ちかちか　にこにこ　さらさら

2

次の(1)～(4)の□にあてはまる言葉を、あとから選んで書きなさい。（同じ言葉は二度使えません。）

(1) □が、オギャーと泣く。 〔　〕
(2) □が、パカパカと走る。 〔　〕
(3) □が、ちらちら降る。 〔　〕
(4) □が、ドンドン鳴る。 〔　〕

雪　赤ちゃん　馬　たいこ

3

次の(1)～(4)の――のうち、擬態《ぎたい》語にあたるものはア、擬声語（擬音語）にあたるものはイを書きなさい。

(1) 鳥のひながすくすくと育つ。 〔　〕
(2) せんべいをばりばり食べる。 〔　〕
(3) 大雨がざあざあと降っている。 〔　〕
(4) 物語の続きをわくわくして待つ。 〔　〕

4 次の(1)～(8)の□にあてはまる言葉を、あとから選んで記号で書きなさい。（同じ言葉は二度使えません。）

(1) コーチはいつも□とかまえている。〔　　〕

(2) たけのこが□と大きくなる。〔　　〕

(3) なべでお湯が□と煮《に》える。〔　　〕

(4) ボールが□転がる。〔　　〕

(5) 思い切って□と長いかみの毛を切る。〔　　〕

(6) 問題を□と解く。〔　　〕

(7) 初めておとずれた街を□見回す。〔　　〕

(8) ちらかった部屋を□と片付ける。〔　　〕

ア すらすら　**イ** ころころ
ウ ぐつぐつ　**エ** てきぱき
オ どっしり　**カ** ぐんぐん
キ ばっさり　**ク** きょろきょろ

---

5 次の(1)～(6)の□にあてはまる言葉を、あとから選んで記号で書きなさい。（同じ言葉は二度使えません。）

(1) 母は、学生時代の友達と久しぶりに会えるからと□と出かけた。〔　　〕

(2) 楽しみにしていた発表会で失敗してしまい、次の日も□してしまった。〔　　〕

(3) 彼《かれ》は毎日の努力が実って、□と成績が上がっているらしい。〔　　〕

(4) 昨日、夜ふかしをしたせいか、朝からとても眠《ねむ》くて、□した。〔　　〕

(5) 公園で転んでけがをしたひざが、夜になっても□と痛む。〔　　〕

(6) 図書館で借りたミステリー小説を読んで、先がどうなるのか□した。〔　　〕

ア めきめき　**イ** はらはら　**ウ** くよくよ
エ いそいそ　**オ** うとうと　**カ** ずきずき

3 国語辞典

学習日　月　日

要点まとめ

解答▼別冊3ページ

国語辞典とは

国語辞典はさまざまな言葉の意味や漢字を五十音順にならべて書き記したもの。言葉の意味や使い方、漢字の使い分けを知りたいときなどに利用する。

●国語辞典の記され方

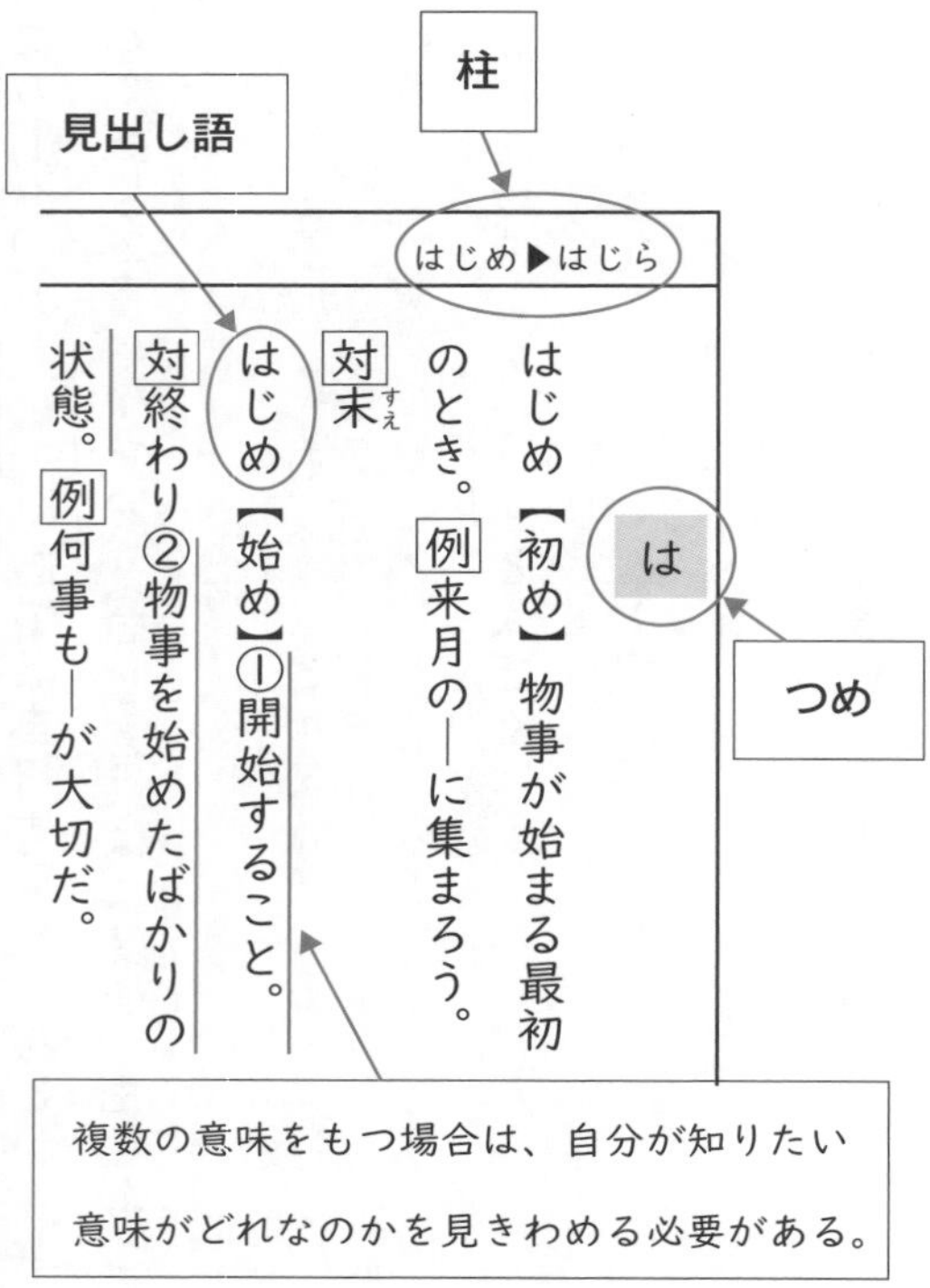

柱
見出し語
はじめ▶はじら
は
つめ
はじめ【初め】物事が始まる最初のとき。例 来月の―に集まろう。対 末《すえ》
はじめ【始め】①開始すること。対 終わり ②物事を始めたばかりの状態。例 何事も―が大切だ。
複数の意味をもつ場合は、自分が知りたい意味がどれなのかを見きわめる必要がある。

●国語辞典の引き方

言葉は、一字目の［①　　］音順に並んでいる。一字目が同じ言葉は、二字目の五十音順（次に続く文字がある言葉とない言葉ならば、［②　　］言葉のほうが先）、三字目の五十音順…と並んでいる。

例 ねうち → ねえ → ねえさん

五十音順は「う」の次に「え」

次に続く文字がないほうが先

例 「あかね」を調べたいとき

(1) 「つめ」から一字目である「あ」を開く。

(2) 「柱」の中に「あかね」が入るページを見つける。

(3) 二文字目が「か」、三文字目が「ね」になっている見出し語を見つける。

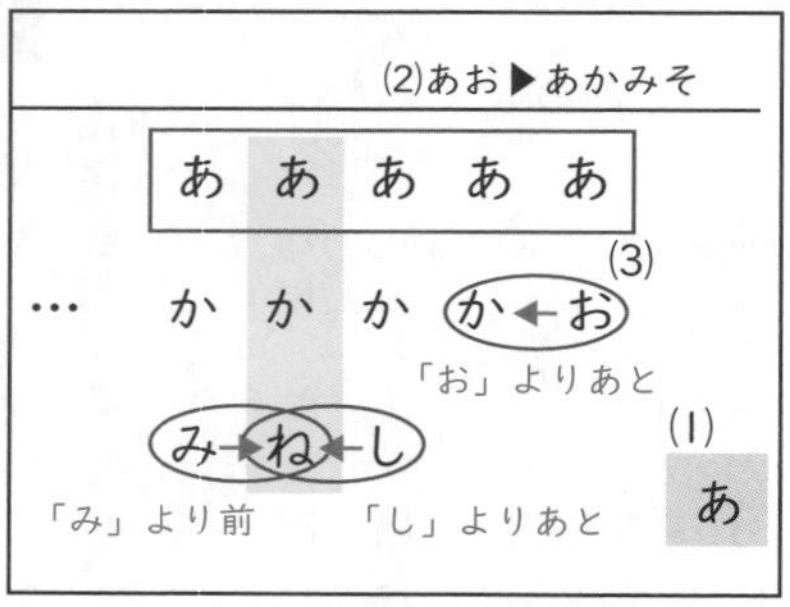

(2)あお▶あかみそ
あ あ あ あ あ
… か か か か←お
(3)
「お」よりあと
み→ね←し
(1)
あ
「み」より前
「し」よりあと

●国語辞典の決まり

(1) 清音→濁音《だく》（「が」など濁点がついたもの）→半濁音（「ぱ」など半濁点がついたもの）の順に記されている。

例 清音　濁音　半濁音
はん → ③[　　] → ぱん

(2) のばす音「ー」がある場合は、「ー」を「あいうえお」に置きかえた順で記されている。

例 ハート → はあと　ケーキ → けえき

(3) 形の変わる言葉は、ふつう「言い切りの形」（「。」で終わる形）で記されている（形容動詞のみ最後の「だ」を省いた言葉）。

例 はしらない・はしる。・はしろう
↓見出し語は「はしる」
あつかろう・あつかった・あつい。
↓見出し語は「④[　　]」
おだやかだ。・おだやかな・おだやかに
↓見出し語は「⑤[　　]」

●国語辞典を使う場面

文章を読んだり書いたりしていて、漢字や言葉の使い方がわからないときは、国語辞典を引いて確認《かくにん》する。

例 次の文章を書いたとき、自信のない漢字や言葉があったので、国語辞典で調べて確認した。
先週の日曜日、⑥ハジめてオートミールを食べた。⑦気落ち？気乗り？しなかったが、食べてみると、⑧イガイとおいしく、すぐに完食してしまった。

・「最初」という意味で使われている言葉なので、「⑥[　　]めて」という漢字を書く。
・「前向きに」なれなかったという意味で使われている言葉なので、「⑦[　　]」が正しい。
・「予想に反していた」という意味で使われている言葉なので、「⑧[　　]」という漢字を書く。

4 判断を表す言葉

学習日　月　日

要点まとめ

解答▼別冊3ページ

判断を表す言葉とは

考えをよりわかりやすく伝えるために使われる。

自分の意見を伝える場合にも、相手の意見を読み取る場合にも重要な役割をする言葉である。

●事実と意見を区別する

「①　　」＝物事をそのまま説明している内容。誰《だれ》から見ても同じ結果や内容。

例 ピーマンは野菜だ。（物事をそのまま説明している内容）

日本選手がこの大会で優勝した。（だれから見ても同じ結果や内容）

「意見」＝人がそれぞれにもっている考え。

例 カレーライスはおいしい。

この道沿いにお店は必要ない。（そうではないと考える人もいる内容）

「判断を表す言葉」を用いると、②　　だということがよりはっきりと伝えられる。

例 カレーライスはおいしいと思う。

この道沿いにコンビニを作るべきではない。

判断を表す言葉の種類

●文末で使う言葉

例 〜と思う／考える／感じる　〜だろう　〜べきだ

良い／良くない　賛成だ／反対だ

※選ぶ言葉によって、伝わり方が変わることもある。

例 あまいものは体に悪いにちがいない。（強い）

あまいものは体に悪いかもしれない。（弱い）

●文末以外で使う言葉

※これらの言葉を加えることによって、考えの強さの程度が伝わる。

例 きっと　おそらく　絶対に　とても

理由を伝える言葉

判断を表す言葉と ③[　　] を伝える言葉を合わせて、なぜそう思うのかを伝えると、説得力が増す。

例 なぜなら、　　からだ。
理由は、　～　ためだ。

考えと理由の関係

考えと理由には必ずつながりがあるので、文章を読む場合も書く場合も、④[　　] と理由の関係を正確にとらえることが重要である。

例 「ごみを出すことが環境《かんきょう》破壊《はかい》につながる」という記事を読んだ。ごみを燃やすと二酸化炭素が出て地球温暖化の原因になること、ごみをうめ立てると野山や海岸が減って生き物に影響《えいきょう》が出ることを知り、危機感を覚えた。
　地球を守るために私たちができることは何か。まずは生ごみを畑の肥料にする、細かいごみの分別を心がけるなど、ごみを減らす活動から始めたい。きっと一人一人の心がけが大切なのだと思う。

事実 ⑤[　　] を燃やす
　＝地球温暖化の原因になる
ごみをうめ立てる＝生き物に影響する

⇦

考え ごみを減らす活動から始める
一人一人の心がけが大切

理由 ⑥[　　] から

目的 ⑦[　　] ため

5 音読み・訓読み

学習日 月 日

要点まとめ

解答▼別冊3ページ

音読みと訓読みとは

漢字の読み方のうち、**中国の読み方をもとにした**読み方

＝ ①[　　]

例 サン ↓ 三、山、算、産、参……

耳で聞いただけでは意味がわかりにくい

漢字がもっている意味に**日本の言葉をあてはめた**読み方

＝ ②[　　]

例 やま ↓ 山

耳で聞いただけでも意味がわかりやすい

原則として、**送りがな**がつくものは ③[　　] **読み**である。

例 正しい（音読みは「セイ・ショウ」）
起きる（音読みは「キ」）

音訓別 熟語の種類

(1) 音（音）読み

例 植物・動作・読書

上の字も下の字も ④[　　] 読みの熟語。

(2) 訓（訓）読み

例 物語・相手・手紙

上の字も下の字も訓読みの熟語。

(3) 音訓読み

例 新型・仕事・味方

上の字が音読み、下の字が訓読みの熟語。

⑤[　　] 読みとも言う。

(4) 訓音読み

例 雨具・場所・合図

上の字が訓読み、下の字が音読みの熟語。

湯《ゆ》桶《とう》読みとも言う。

まちがえやすい音読み

●音だけでも意味がわかりやすい音読み

例 今から本を読む。
「ン」や「イ」で終わる読み
→音読みであることが多い

音だけでも「ホンを読む」＝「本」だとわかるが、「ホン」は ⑥ 読みである（訓読みは「もと」）。

例 ものを台にのせる。
「大・代・第」など同じ読み方の漢字が多いもの
→音読みであることが多い

音だけでも「ダイにのせる」＝「台」だとわかるが、「ダイ」は ⑦ 読みである。

音だけで意味がわかっても、訓読みとはかぎらないので注意する。

音読みのみ・訓読みのみの漢字

漢字はもともと古代の中国で作られた文字で、古い時代に日本に伝えられたものである。その結果、音読みと訓読みがある。音読みしかない漢字には、訓読みが作られなかったと考えられる。読みが一つしかないものは音読みであることが多い。

なお、日本で作られたために訓読みしかない漢字、小学校では訓読みしか習わない漢字もある。

例 読みが一つで音読みの漢字
王（オウ） 校（コウ） 汽（キ） 駅（エキ）

例 読みが複数だが音読みだけの漢字
気（キ・ケ） 絵（エ・カイ） 画（ガ・カク）

例 読みが（小学校では）訓読みだけの漢字
畑（はたけ・はた） 皿（さら） 貝（かい）

1章 言葉

6 漢字のなりたち

学習日　月　日

要点まとめ

解答▼別冊3ページ

漢字のなりたちの種類

漢字は、なりたちによって**象形文字・指事文字・会意文字・形声文字**の四種類に分類される。

(1) 象形文字　**目に見える物の形を描《えが》いた絵を、簡略化**して作られた漢字。

例 日・川・鳥・馬・火

日（太陽）の絵文字→簡単な線や点の組み合わせ

(2) 指事文字　**目に見えないことがらを**［①　］や**点で示し、その図をもとにし**て作られた漢字。

例 本・末・上・下・天

木という文字の根元に横線で印→「もと（本）」を示す

(3) 会意文字　**二つ以上の**［②　］**を組み合わせて作られ**、別の意味を表すようになった漢字。

例 岩・森・明・男・鳴

山＋石（山にある石）

日＋月（日と月で明るい）

［③　］＋鳥（鳥が口で鳴く）

(4) 形声文字 ［④］ を表す部分（部首）と、音を表す部分を組み合わせて作られた漢字。

例 花・姉・頭・語・線

女という意味＋市（シ）という音

糸という意味＋泉（セン）という音

形声文字の場合、意味を表す部分（部首）以外が共通している漢字どうしは、［⑤］ 読みが同じであることが多い。

例 坂 … 土（つちへん）＋反（ハン）

飯 … 食（しょくへん）＋反（ハン）

↓部首以外の「反」の部分が共通

↓どちらも音読みは ［⑥］ である。

「板（バン）」「返（ヘン）」など、部首以外が同じでも音読みがちがう漢字もあるので注意すること。

中学では

どうなる？

「転注」と「仮借《かしゃ》」

漢字を、そのなりたちと使いかたによって六種類に分けたものを「六書《りくしょ》」という。なりたちによって分類される「象形・指事・会意・形声」の四種類、使いかたによって分類される「転注・仮借」の二種類を合わせた計六種類である。

「転注」の代表的な説

↓もともとの漢字の意味と関連する別の意味に転用する。

例 「楽」＝もともとは「楽器・音楽」の意味。

音楽を奏《かな》でるのは楽しい→「楽」＝「たのしい」

「仮借」の代表的な説

↓意味と関係なく、音のつながりで別の漢字を借りる。

例 「豆」＝もともとは「食べ物を盛る器《うつわ》」の意味。

「まめ」を表す語と音が近い→「豆」＝「まめ」

7 部首・画数

学習日 月 日

重要！

要点まとめ

解答▼別冊3ページ

部首とは

部首は、その漢字がもつおおまかな意味を表した、漢字の中で形が共通している部分のこと。

部首の判別

部首は一つの漢字につき一つずつある。

●同じ部分があるが、①［　］がちがう漢字

例
私 ←「うで」を表す
　 ←「作物」を表す
※「作物」を自分のものにする様子を表す漢字なので、部首は「のぎへん」。

利 ←「かたな」を表す
　 ←「作物」を表す
※「かたな」でどんどん切っていく様子を表す漢字なので、部首は「りっとう」。

●同じまとまりの部首としてあつかわれる漢字

例 見・親・覚
※共通している部分の「みる」という部首でまとめられる。

背・脳・臓
※すべて体の部分を表す漢字なので、部首は「にくづき」。

「服」は②［　］を表さないので、「つきへん」。

主な部首の種類

部首の種類	部首の例		意味	例
へん	イ	にんべん	人の動きや状態	体・仲・信
つくり	頁	おおがい	頭や首筋の動き	顔・頭・題
かんむり	宀	うかんむり	家・屋根・おおう	安・宙・守
あし	心	したごころ	心・精神	忘・志・感
たれ	广	まだれ	家・屋根・おおう	広・店・庭
にょう	辶	しんにょう	行く・進む	近・送・返
かまえ	囗	くにがまえ	かこみ	回・団・国

画数とは

漢字を書くときの点や線の数のこと。また、一つの漢字をなすすべての ③ のことを「**総画数**」ともいう。画数を数えるときは、「折れ」や「曲がり」に注意する。

●折れや曲がり

例
国 一画
区 一画
己 一画
毛 一画

●まちがえやすい画数

例
辺 「しんにょう」は ④ 画
級 一画
水 ⑤ 画 / 一画
延 「えんにょう」は ⑥ 画

書き順

書き順とは、漢字を書く順番のこと。画数をしっかり理解するためには、漢字を書き順通りに正しく書くことが大切である。

●書き順の原則

(1) 上から下、左から右に書く。
(2) 横の画と縦の画が交わる場合は、横から先に書く。
(3) つき抜《ぬ》ける画は最後に書く。

●まちがえやすい書き順

例

縦→横→縦と書く

一画目に注意

四画目に注意

学習日　月　日

問題を解いてみよう！

解答・解説▼別冊3ページ

1 次の(1)〜(8)の漢字の部首名をあとから選んで書きなさい。

(1) 語 〔　　〕
(2) 兄 〔　　〕
(3) 笛 〔　　〕
(4) 後 〔　　〕
(5) 区 〔　　〕
(6) 雲 〔　　〕
(7) 庭 〔　　〕
(8) 部 〔　　〕

おおざと	ぎょうにんべん
ひとあし	あめかんむり
ごんべん	たけかんむり
まだれ	かくしがまえ

2 次の(1)〜(6)の漢字と部首を組み合わせてできる漢字を書きなさい。

(1) 米 ＋ しんにょう 〔　　〕
(2) 寺 ＋ てへん 〔　　〕
(3) 求 ＋ ぼくづくり（のぶん・ぼくにょう） 〔　　〕
(4) 日 ＋ もんがまえ 〔　　〕
(5) 可 ＋ さんずい 〔　　〕
(6) 交 ＋ ちから 〔　　〕

3 次の(1)〜(4)のそれぞれの漢字の部首に共通する意味を、あとから選んで記号で書きなさい。

(1) 応・忘・性 〔　　〕
(2) 災・灯・照 〔　　〕
(3) 圧・坂・型 〔　　〕
(4) 育・胃・肥 〔　　〕

ア 土　**イ** 心　**ウ** 肉　**エ** 火

4

次の(1)〜(4)の部首がもつ意味を、あとから選んで記号で書きなさい。

(1) 艹（くさかんむり）　〔　　〕
(2) 衤（ころもへん）　〔　　〕
(3) 行（ぎょうがまえ）　〔　　〕
(4) 厂（がんだれ）　〔　　〕

ア 着物や布を表す　　**イ** 植物を表す
ウ がけや岩を表す　　**エ** 道や行いを表す

5

次の(1)〜(6)の漢字の総画数を漢数字で書きなさい。

(1) 世　〔　　画〕
(2) 血　〔　　画〕
(3) 納　〔　　画〕
(4) 后　〔　　画〕
(5) 度　〔　　画〕
(6) 美　〔　　画〕

6

次の(1)〜(6)のそれぞれの漢字の中で総画数がほかとちがうものを一つずつ選び、その漢字を書きなさい。

(1) 子・予・己・弓　〔　　〕
(2) 危・羽・衣・氷　〔　　〕
(3) 位・児・坂・所　〔　　〕
(4) 海・勉・夏・孫　〔　　〕
(5) 巣・番・祭・康　〔　　〕
(6) 優・顔・難・簡　〔　　〕

7

次の(1)〜(6)の漢字の→部分は、何画目に書きますか。漢数字で書きなさい。

(1) 述　〔　　画目〕
(2) 乗　〔　　画目〕
(3) 医　〔　　画目〕
(4) 成　〔　　画目〕
(5) 左　〔　　画目〕
(6) 必　〔　　画目〕

1章 言葉

8 送りがな

学習日　月　日

要点まとめ

解答▼別冊5ページ

送りがなのつけ方

(1) 活用のある語→活用語尾（活用で変わる部分）を送る

例 あるく（動詞）

歩 ［①］ ← あるかない／あるこう
← あるきます／あるくとき
← あるけば／あるけ

送りがな＝活用語尾

たかい（形容詞）

高 ［②］ ← たかろう／たかくなる
← たかかった／たかいとき
← たかければ

送りがな＝活用語尾

※語幹と活用語尾の区別がない動詞もある
・着る　・得る　・来る

(2) 語幹が「し」で終わる形容詞→「し」から送る
「か（だ）・やか・らか」をふくむ形容動詞
→「か・やか・らか」から送る

例 美しい　「し」から　悲しい　「し」から　（［③］詞）
静か（だ）　「か」から　穏《おだ》やか（だ）　「やか」から　明らか（だ）　「らか」から　（形容動詞）

(3) 活用語尾以外の部分にほかの語をふくむ語
→ふくまれる語の送りがなのつけ方によって送る

例 （動詞をふくむもの）
輝《かがや》かしい　「輝く」をふくむ　晴れやかだ　「晴れる」をふくむ
（形容詞をふくむもの）
重んずる　「重い」をふくむ
（名詞をふくむもの）
春めく　「春」をふくむ　先んずる　「先」をふくむ

(4) 名詞→送りがなをつけないが、一部例外もある

例 花　山
（※例外）勢い　情け　一つ

(5) 活用のある語から転じた名詞
→もとの語の送りがなのつけ方によって送る

例 願い　もとは「願う」
暑さ　もとは「暑い」
重み　もとは「重い」

(6) 複合語→もとの語の送りがなに合わせる

例 話し合う　「話す」＋「④　」
走り出す　「⑤　」＋「出す」
待ち遠しい　若々しい　気軽だ
田植え　日当たり　預かり物
行き帰り　移り変わり　呼び出し

ここをしっかり！ 同じ漢字でも異なる読み方

同じ漢字でも、送りがなによって漢字の読みが異なる場合がある。

例 教「教える（おし－える）」
「教わる（おそ－わる）」
着「着る（き－る）」
「着く（つ－く）」
細「細い（ほそ－い）」
「細かい（こま－かい）」
苦「苦い（にが－い）」
「苦しい（くる－しい）」
明「明ける（あ－ける）」
「明るい（あか－るい）」
冷「冷える（ひ－える）」
「冷たい（つめ－たい）」

文章に合わせて言葉を適切に使い分け、送りがなを正確に書き分けよう。

1章 言葉

9 同訓異字

学習日 月 日

重要！

要点まとめ

解答▼別冊5ページ

同訓異字とは

① 訓読みをもつ異なる漢字＝同訓異字

例 町・街 訓読みが同じ「まち」
川・河 訓読みが同じ「かわ」
会う・合う 訓読みが同じ「あう」
上げる・挙げる 訓読みが同じ「あげる」

同訓異字の書き分け

(1) 熟語に言いかえ、使われる ② から考える

例 雨へのそなえに、傘《かさ》を持っていく。（備え・供え）
↓「急な雨への準備として」と言いかえられる
↓「備え」と書く

例 問題解決につとめる。（勤める・務める・努める）
↓「解決のために努力する」と言いかえられる
↓「努める」と書く

例 時計の置き場所をうつす。（移す・写す・映す）
↓「置き場所を ③ する」と言いかえられる
↓「移す」と書く

(2) 同じ漢字を使った、異なる ④ 読みの言葉に言いかえて考える

例 新しい映画が話題にのぼる。（上る・登る）
↓「話題に上がる」と言いかえられる
↓「上る」と書く

例 寒さでお茶がもうさめた。（覚め・冷め）
↓「お茶がもう ⑤ た」と言いかえられる
↓「冷めた」と書く

(3) その漢字を使った ⑥ から、漢字の意味を考える

例 決勝戦では一点差でやぶれた。(敗れ・破れ)
↓ 「敗」を使った熟語…「敗北」「敗退」
「敗」の意味≒「負ける」
「破」を使った熟語…「破損」「破産」
「破」の意味≒「こわす」
↓ 「一点差でやぶれた」＝「負けた」という意味
↓ 「敗れた」と書く

例 それは、はじめて聞く話だ。(初めて・始めて)
↓ 「初」を使った熟語…「最初」「初回」
「初」の意味≒「第一回目」
「始」を使った熟語…「開始」「始業」
「始」の意味≒「何かをしだす」
↓ 「はじめて聞く話」＝「第一回目に聞く話」という意味
↓ 「初めて」と書く

ここをしっかり! 意味が似た同訓異字の書き分け

互《たが》いによく似た意味をもつ次の二つの同訓異字は、特に注意して書き分けられるようにしよう。

はかる(計る・量る・測る)

計る…時間や数を数えるときなどに使う
例 マラソンのタイムを計る。

量る…重さや容積を調べるときに使う
例 体重を量る。

測る…長さ、高さ、深さ、広さを調べるときなどに使う
例 体温を測る。

図る…意図する、考えるという意味で使う
例 解決を図る。

あつい(熱い・暑い)

熱い…温度が高いときに使う
例 熱いコーヒーを飲む。

暑い…気温が高いときに限定して使う
例 部屋の空気が暑い。

学習日　月　日

問題を解いてみよう！

解答・解説▼別冊5ページ

1 次の(1)～(5)の――を漢字に直すときに最も適切なものを、それぞれあとから選んで記号で書きなさい。

(1) 足の骨がオれる。
ア 織　**イ** 折　**ウ** 居　〔　〕

(2) あと一つだけ席がアいている。
ア 明　**イ** 開　**ウ** 空　〔　〕

(3) 新しいビルがタてられる。
ア 立　**イ** 断　**ウ** 建　〔　〕

(4) 父は銀行にツトめている。
ア 勤　**イ** 務　**ウ** 努　〔　〕

(5) 新しいカメラで風景をウツす。
ア 移　**イ** 写　**ウ** 映　〔　〕

2 次の(1)～(6)の□にあてはまる漢字として最も適切なものを、あとから選んで書きなさい。

(1) このあたりを□める王様。〔　〕

(2) 洋服をタンスに□める。〔　〕

(3) スイスで学問を□める。〔　〕

(4) 国に税金を□める。〔　〕

(5) 窓から西日が□す。〔　〕

(6) 学校の方向を□す。〔　〕

納	指	修
差	治	収

3 次の(1)～(8)の――を漢字に直して書きなさい。

(1) まだしばらくはアツい日が続く。［　　］

(2) 急に顔色がカわる。［　　］

(3) あなたとは話がアう。［　　］

(4) 朝が来ると、自然に目がサめる。［　　］

(5) お墓に花をソナえる。［　　］

(6) どこかで子どもがナいている。［　　］

(7) あの人は走るのがハヤい。［　　］

(8) 図書館に本をカエす。［　　］

---

4 次の(1)～(3)の文の中から、誤って使われている漢字を見つけ、正しい漢字に直して書きなさい。

例 文章を書き挙げたら、一度読み直し、誤って使われている漢字がないかを確かめるとよい。
誤［ 挙 ］→ 正［ 上 ］

(1) あまりの寒さに体が冷えて縮こまっていたが、暖かいスープを飲んだら元気に動けるようになった。
誤［　　］→ 正［　　］

(2) この薬はよく聞くという話だったので、試《ため》してみたところ、熱が下がりすぐに病気が治った。
誤［　　］→ 正［　　］

(3) 必ずチームを強くするという熱い思いから、キャプテンを引き受けたが、同時に重い責任を追ってしまったと感じた。
誤［　　］→ 正［　　］

❶ 言葉 ❷ 文法 ❸ 読解

1章 言葉

10 同音異字

学習日 月 日

重要!

要点まとめ

解答▼別冊6ページ

同音異字とは

同じ［①］読みをもつ異なる漢字＝同音異字
音読みをもとにした同じ読みをもつ熟語＝同音異義語

例 後・語 千・線（せん）
どちらも音読みが「［②］」の同音異字

例 意志・医師 自転・辞典（じてん）
どちらも音読みが「［③］」の同音異義語

同音異字の書き分け

(1) 漢字の訓読みから考える

例 ショウ人数のグループを作る。（小・少）
↓「小」＝「小さい」、「少」＝「少ない」
↓「ショウ人数」＝「人数が少ない」という意味
↓「［④］人数」と書く

例 紙とリボンで箱をホウ装する。（放・包）
↓「放」＝「放す」、「包」＝「包む」
↓「箱をホウ装する」＝「箱を包む」という意味
↓「［⑤］装」と書く

例 冷めたカレーをカ熱して食べる。（加・過）
↓「加」＝「加える」、「過」＝「過ぎる」
↓「カ熱して」＝「熱を加える」という意味
↓「［⑥］熱」と書く

(2) その漢字を使った別の熟語から意味を考える

例 問題が重フクしていないかを確かめる。（複・復）
↓「複」を使った熟語…「複数」「複製」
「複」の意味≒「二つ以上」
「復」を使った熟語…「回復」「復活」
「復」の意味≒「もう一度」
↓「問題が重フク」＝「問題が二つ以上重なる」という意味
↓「重複」と書く

例 国会議[イン]を決める選挙。(院・員)
↓「院」を使った熟語…「病院」「寺院」
「院」の意味≒「建て物」
↓「員」を使った熟語…「委員」「会員」
「員」の意味≒「人」
↓「国会議イン」＝「国会を組織する人」という意味
↓「議[員]」と書く

同じ部分をもつ同音異字

例 製・制(セイ)／相・想(ソウ)
「制」が共通　「相」が共通
注・柱(チュウ)／詞・飼(シ)
「主」が共通　「司」が共通

同じ部分をもつ漢字どうしは、その部分が音を表している同音異字であることが多い。

ここをしっかり! 意味が似た同音異義語の書き分け

共通の漢字をもつ同音異義語は意味が似ていることが多いので、特に注意して書き分けられるようにしよう。

イガイ(以外・意外)
以外…そのものとはちがう、そのものを除いた別のもののまとまり
例 日曜日にはいますが、それ以外の日はいません。
意外…自分の考えにはなかったこと
例 意外なことが起きて、思わず声を上げた。

タイショウ(対象・対称・対照)
対象…目的や相手
例 子どもを対象とした映画。
対称…点や線、図形がつりあっていること
例 左右が対称に作られている庭。
対照…何かと何かを照らし合わせること
例 対照的な性格の持ち主。

問題を解いてみよう！

解答・解説▼別冊6ページ

1 次の(1)～(5)の――を漢字に直すときに最も適切なものを、それぞれあとから選んで記号で書きなさい。

(1) 学校の校シャをながめる。
ア 社　**イ** 舎　**ウ** 捨　〔　　〕

(2) キ律をしっかりと守る。
ア 基　**イ** 期　**ウ** 規　〔　　〕

(3) 鉄コウ石を輸入する。
ア 鉱　**イ** 鋼　**ウ** 耕　〔　　〕

(4) 科学実ケンのショーを見る。
ア 検　**イ** 験　**ウ** 険　〔　　〕

(5) すばらしい成セキを収める。
ア 責　**イ** 積　**ウ** 績　〔　　〕

2 次の(1)～(6)の□にあてはまる漢字として最も適切なものを、あとから選んで記号で書きなさい。

(1) 反□をとられる。〔　　〕

(2) □面のよごれを落とす。〔　　〕

(3) 走行距離《きょり》を□定する。〔　　〕

(4) 早起きを習□にする。〔　　〕

(5) 雑誌を□行する。〔　　〕

(6) 虫に□心がある人。〔　　〕

側	刊	関
慣	則	測

3 次の(1)～(8)の――を漢字に直して書きなさい。

(1) 子どもをタイショウとした講座。［　　］

(2) 昨日とはタイショウ的な天気。［　　］

(3) 大会でタイショウに輝《かがや》く。［　　］

(4) タイショウ時代の作品。［　　］

(5) カイホウを配る。［　　］

(6) 仕事からカイホウされる。［　　］

(7) カイホウ的な性格の人。［　　］

(8) 病態がカイホウに向かう。［　　］

---

4 次の(1)～(3)の文の中から、誤って使われている漢字を見つけ、正しい漢字に直して書きなさい。

例 放課後、少しの時間だけ校庭で遊んでから帰宅することを提安した。

誤［　安　］→ 正［　案　］

(1) 未明に難破した船の乗組員は、必死の求助活動の結果、全員無事であった。

誤［　　］→ 正［　　］

(2) 国語の授業で物語を書くことになったので、今から講想を練って準備している。

誤［　　］→ 正［　　］

(3) 私の祖父は、日中に放映されている復数の報道番組から得た情報を、夕食中に家族に説明することが自分の使命だと思っているようだ。

誤［　　］→ 正［　　］

1章 言葉

11 熟字訓

学習日 月 日

要点まとめ

解答▼別冊7ページ

熟字訓とは

一つの言葉に、決まった二字以上の漢字を対応させ、全体をひとまとまりにして、**特別な読み方**をするもの。

例 いつもよりも下手なできばえだ。

「下手」…二字をまとめて「①　」と読む

「下」や「手」は一字だけで「へ」「た」と読むことはなく、「下手」と**結びつけたときに、特別に「へた」と読む。**

例 今日はいい天気だ。

「今日」…二字をまとめて「②　」と読む

「今」や「日」は一字だけで「きょ」「う」と読むことはないので、**熟字訓である。**

熟字訓のとらえ方

「下手」や「今日」のように、熟字訓とそうではない読み方の両方がある熟語は、意味や文脈を考えて使い分ける。

例 舞台《ぶたい》の下手から登場する。

「向かって左側」という意味
→「③　」と読む

「下手」は「したて」や、「しもて」と読むこともある。
→「下」は「した」「しも」、「手」は「て」と読むので「したて」「しもて」は「④　」ではない。

「今日」は「⑤　」と読むこともある。
→「今」は「こん」、「日」は「にち」と読むので「⑤　」は熟字訓ではない。

小学校で習う主な熟字訓

明日（あす）／昨日（きのう）
一日（ついたち）／二日（ふつか）
二十日（はつか）／上手（じょうず）
今朝（けさ）／今年（ことし）
大人（おとな）／友達（ともだち）
一人（ひとり）／二人（ふたり）
八百屋（やおや）／果物（くだもの）
真っ青（まっさお）／真っ赤（まっか）
河原・川原（かわら）／清水（しみず）
景色（けしき）／七夕（たなばた）
部屋（へや）／博士（はかせ）
真面目（まじめ）／迷子（まいご）
眼鏡（めがね）／時計（とけい）
手伝う（てつだう）

中学では

どうなる？

新たに習う熟字訓

使われている漢字自体は簡単で、小学校低学年で習うものであっても、熟字訓としては中学校で習うものがたくさんある。

例 行方（ゆくえ）／小豆（あずき）
心地（ここち）／五月（さつき）
五月雨（さみだれ）

小学校で習っていない漢字を使った熟字訓も習うようになる。物語文などに使われることが多いので、読み方のわからないものは辞書などで調べて覚えることが大切だ。

例 叔父・伯父（おじ）／叔母・伯母（おば）
相撲（すもう）／鍛冶（かじ）
老舗（しにせ）

12 熟語の構成

学習日 月 日

重要!

要点まとめ

解答▼別冊7ページ

熟語とは

二字以上の漢字を組み合わせてできた言葉＝**熟語**

熟語は、**構成**する漢字どうしの関係性で分類できる。

例 等分…「**等しく分ける**」という意味の熟語。
「等しい」＋「分ける」

二字熟語の構成

(1) 同じ漢字を重ねたもの

例 人々（人＋人）・少々（少＋少）
色々（色＋ ① ）

(2) 意味が似ている漢字を組み合わせたもの

例 道路（みち≒みち）・河川《かせん》（かわ≒かわ）
切断（切る≒断つ）・ ② （願い≒望み）

(3) 意味が対《つい》になる漢字を組み合わせたもの

例 自他（自分↔他者）・勝負（勝つ↔負ける）
長短（ ③ ↔短い）・男女（男↔女）

(4) 上の漢字が下の漢字を修飾《しゅうしょく》するもの

例 牛乳（牛の↓乳）・多数（ ④ ↓数）
特権（特別な↓権利）・定価（定められた↓価格）

(5) 「…に」「…を」の部分（目的・対象）が下にくるもの

例 登山（山に↑登る）・入院（病院に↑入る）
⑤ （火を↑防ぐ）・読書（書を↑読む）

(6) 上の漢字が主語、下の漢字が述語になるもの

例 国立（国が↓立てる）・年長（年令が↓長じる）
市営（市が↓営む）・人造（人が↓ ⑥ ）

(7) 上の漢字が下の漢字の意味を打ち消すもの

不（…ない、…でない）

例 不明（明らかでない）・不便（便利でない）

不幸（幸せでない）・不正（正しくない）

無（…がない、…いない）

例 無策（策がない）・無言（言葉がない）

無名（名が通っていない）

非（…がない、…でない）

例 非常（平常でない）・非情（情けがない）

非力（⑦［　　］がない）

未（まだ…ない）

例 未開（まだ開けない）・未来（まだ来ていない）

未読（まだ⑧［　　］いない）

否（…ない、…しない）

例 否決（可決しない）・否認（⑨［　　］ない）

(8) 下の漢字が意味を強めたりそえたりするもの

然（…のような様子、…らしい）

例 必然（必ずそうなる様子）

整然（整えられている様子）

性（…という性質、…の状態）

例 酸性（酸の性質をもつ）・良性（良い性質）

急性（⑩［　　］に起こる性質）

化（…にする、…になる）

例 液化（液体になる）・同化（同じになる）

⑪［　　］（悪くなる）

(9) 長い言葉を省略したもの

例 特急（特別急行）・入試（入学⑫［　　］）

就活（就職活動）・朝練（朝の練習）

外大（外国語大学）

学習日　　月　　日

問題を解いてみよう!

解答・解説▼別冊7ページ

1 次の⑴〜⑼の熟語の構成として最も適切なものを、あとから選んで記号で書きなさい。

⑴ 頭痛［　　］　⑵ 損得［　　］
⑶ 節水［　　］　⑷ 停止［　　］
⑸ 無知［　　］　⑹ 海底［　　］
⑺ 特急［　　］　⑻ 堂々［　　］
⑼ 老化［　　］

ア 同じ漢字を重ねたもの
イ 意味が似ている漢字を組み合わせたもの
ウ 意味が対《つい》になる漢字を組み合わせたもの
エ 上の漢字が下の漢字を修飾《しゅうしょく》するもの
オ 「…に」「…を」の部分が下にくるもの
カ 上の漢字が主語、下の漢字が述語になるもの
キ 上の漢字が下の漢字の意味を打ち消すもの
ク 下の漢字が意味を強めたりそえたりするもの
ケ 長い言葉を省略したもの

---

2 次の⑴〜⑻の——の熟語が、意味が似ている漢字の組み合わせになるように、（　）にあてはまる漢字を書きなさい。

⑴ （　）己流で勉強する。［　　］
⑵ 友達の（　）在が支えとなった。［　　］
⑶ 夫婦の関係が（　）好だ。［　　］
⑷ 身なりを（　）潔にする。［　　］
⑸ 人口が（　）加に転じる。［　　］
⑹ キャベツを（　）産する。［　　］
⑺ 身（　）をきたえる。［　　］
⑻ 思いを文章に（　）現する。［　　］

3

次の(1)〜(8)の——の熟語が、意味が対になる漢字の組み合わせになるように、（　）にあてはまる漢字を書きなさい。

(1) 解答の（　）誤を確かめる。［　］

(2) ドアを（　）閉する。［　］

(3) （　）無を言わせない。［　］

(4) 家と学校を（　）復する。［　］

(5) 新（　）の役員が交代する。［　］

(6) 貧（　）の差を縮める。［　］

(7) 宝石の売（　）をする。［　］

(8) 物事の善（　）を見極《みきわ》める。［　］

4

次の(1)〜(6)の□にあてはまる漢字として最も適切なものを、あとから選んで書きなさい。（同じ漢字を何度使ってもかまいません。）

(1) □口でおとなしい人。［　］

(2) 今日は□番のため家にいる。［　］

(3) 宇宙には□知の部分が多くある。［　］

(4) 首をふって□定する。［　］

(5) □快な気分になる。［　］

(6) 十二歳《さい》□満は半額だ。［　］

不	無	非
未	否	

13 類義語・対義語

学習日　月　日

重要!

要点まとめ

解答▼別冊8ページ

類義語とは

互《たが》いに意味が似ている言葉＝①

例 今度こそあきらめないと決意した。
今度こそあきらめないと決心した。

↓「決意」＝意志をはっきりと決めること
「②」＝心をはっきりと決めること

↓置きかえても文意がほぼ③（類義語である）。

例 良いものと悪いものを区別する。
良いものと悪いものを差別する。

↓「区別」はあるものと他とを分けること
「差別」はあるものと他とを分けへだてること

↓置きかえると文意が④（類義語ではない）。

対義語とは

互いに意味が反対である言葉＝⑤（反対語）

例 上 ↕ 下
寒い ↕ 暑い
午前 ↕ 午後

反対のものであるとはいえないが、対《つい》になっているものも⑥である。

例 時間 ↕ 空間

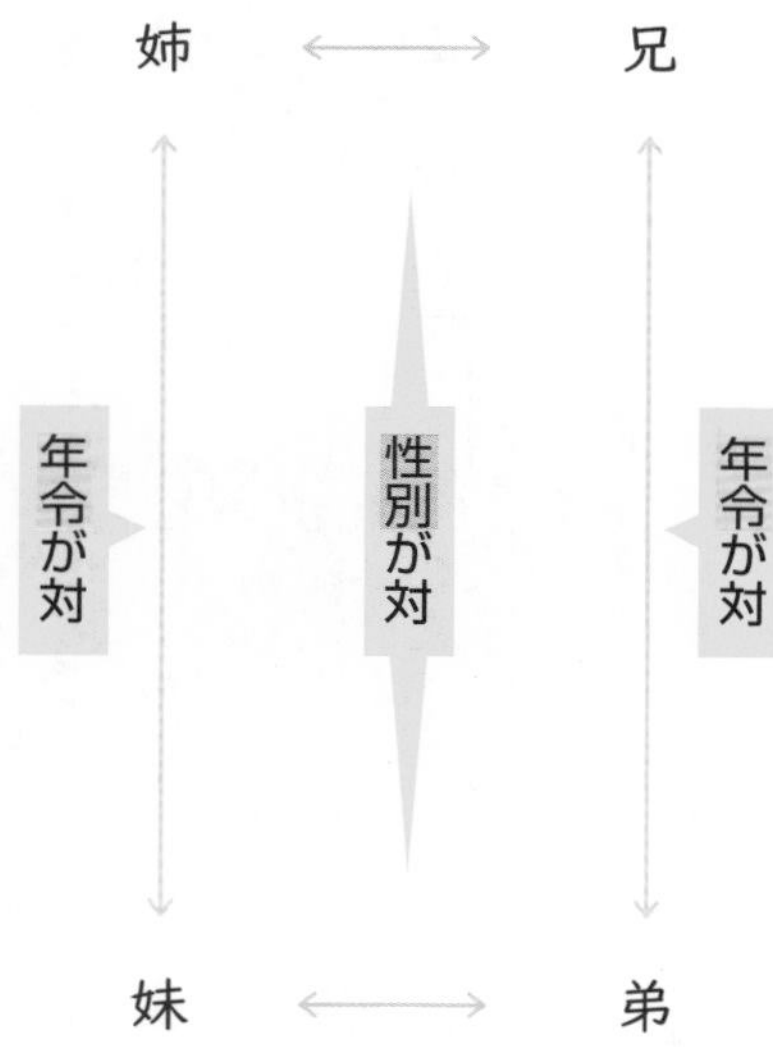

類義語・対義語の考え方

(1) 漢字の意味を考える

「改善」の類義語を問われた場合、まず「改善」の意味を考える。「改善」とは「善いものへ改めること」であり、そこから「善」と似た意味の漢字を考えると ⑦ の漢字が入る。

例 改善 ≒ 改 ⑦

一方で、「改善」の対義語を問われた場合、「善い」と反対、もしくは対になる漢字を考えればよい。すると、 ⑧ の漢字が入る。

例 改善 ↕ 改 ⑧

(2) 例文を作って考える

「用意」の ⑨ を問われた場合、「用意」を使った例文を考える。そのうえで、「用意」の代わりに入れても文意が変わらない言葉を考える。

例 遠足の用意をする。 ≒ 遠足の準備をする。

ここをしっかり! 二字熟語の類義語・対義語

類義語・対義語は、一字ずつのものや訓読みのもの、三字熟語のものなどもあるが、よく問われるのは二字熟語のものである。

二字熟語の場合は、一字だけが異なるものと二字とも異なるものがある。

一字だけが異なる類義語

例 公開 ≒ 公表　自然 ≒ 天然

二字とも異なる類義語

例 心配 ≒ 不安　原因 ≒ 理由

一字だけが異なる対義語

例 長所 ↕ 短所　満足 ↕ 不満

二字とも異なる対義語

例 需要《じゅよう》 ↕ 供給　抽象《ちゅうしょう》 ↕ 具体

問題を解いてみよう！

解答・解説▼別冊8ページ

1 次の(1)～(5)の言葉と意味が似た言葉として最も適切なものを、それぞれあとから選んで記号で書きなさい。

(1) 案外
ア 案内 **イ** 以外 **ウ** 考案 **エ** 意外 〔　〕

(2) 公平
ア 私用 **イ** 公事 **ウ** 私事 **エ** 公正 〔　〕

(3) 自立
ア 独立 **イ** 成立 **ウ** 共立 **エ** 創立 〔　〕

(4) 手段
ア 段階 **イ** 手配 **ウ** 方法 **エ** 実行 〔　〕

(5) 興味
ア 感心 **イ** 関心 **ウ** 意味 **エ** 復興 〔　〕

2 次の(1)～(6)の言葉と意味が反対（もしくは対《つい》）の言葉として最も適切なものを、それぞれあとから選んで記号で書きなさい。

(1) 直接
ア 曲解 **イ** 面接 **ウ** 間接 **エ** 曲折 〔　〕

(2) 自己
ア 両者 **イ** 他者 **ウ** 自重 **エ** 自信 〔　〕

(3) 可決
ア 可能 **イ** 決定 **ウ** 不可 **エ** 否決 〔　〕

(4) 理性
ア 野生 **イ** 感情 **ウ** 理解 **エ** 知性 〔　〕

(5) 保守
ア 革新 **イ** 改新 **ウ** 新調 **エ** 新規 〔　〕

(6) 内容
ア 意味 **イ** 中身 **ウ** 体現 **エ** 形式 〔　〕

3 次の(1)〜(6)の言葉と意味が似た言葉になるように、あとの漢字を組み合わせてそれぞれ二字熟語を作りなさい。（同じ漢字は二度使えません。）

(1) 体験［　　］　(2) 異議［　　］
(3) 任務［　　］　(4) 好意［　　］
(5) 実質［　　］　(6) 無欠［　　］

完	実	命	情	験	全
使	論	愛	経	異	態

4 次の(1)〜(6)の言葉と意味が反対（もしくは対）の言葉になるように、あとの漢字を組み合わせてそれぞれ二字熟語を作りなさい。（同じ漢字は二度使えません。）

(1) 積極［　　］　(2) 自力［　　］
(3) 増加［　　］　(4) 複雑［　　］
(5) 戦争［　　］　(6) 消費［　　］

産	単	力	消	減	平
生	極	少	他	和	純

5 次の(1)〜(5)は意味が似た言葉を、(6)〜(10)は意味が対の言葉をあとから選び、それぞれ漢字に直して書きなさい。

(1) 好調 ≒［　　］
(2) 安全 ≒［　　］
(3) 所有 ≒［　　］
(4) 長所 ≒［　　］
(5) 同意 ≒［　　］
(6) 自然 ↕［　　］
(7) 向上 ↕［　　］
(8) 基本 ↕［　　］
(9) 理想 ↕［　　］
(10) 肉体 ↕［　　］

じんこう	さんせい	せいしん	びてん
げんじつ	おうよう	しょじ	ていか
ぶじ	じゅんちょう		

1章 言葉

14 多義語

学習日　月　日

重要！

要点まとめ

解答▼別冊9ページ

多義語とは

一つの形でいくつかの意味を持つ言葉。和語に多く見られる。

例 あまい
あまいジュースを飲む。…砂糖のような味がする
あまい言葉をかける。…喜ばせたりまどわせたりする
子にあまい親。…厳しさが足りない
切れ味のあまいナイフ。…するどさが足りない

例 わく
温泉がわく。…自然と出てくる
畑に虫がわく。…大量に発生する
話に興味がわく。…心の中に起こる

多義語の意味のとらえ方

多義語の意味は、
(1) 言葉が使われている場面や文脈をおさえる
(2) 別の言葉に置きかえる
(3) 対義語を考える
といった方法で適切にとらえることができる。

(1) 場面や文脈（前後の ① どうしのつながり）の中で言葉をとらえる

例 書店の場所を地元の人に聞く。〔質問する〕
（目的）② の場所を知りたい
（状況《じょうきょう》）人に聞いている
両親の教えをよく聞いて行動する。〔理解して従う〕
（目的）自分の行動につなげる
（状況）両親の教えを聞いている

(2) 似た意味の別の言葉に置きかえてとらえる

例 かばんを下ろす。→ [③] に置く
ふりあげた手を下ろす。→下方向へ移動する
大地に根を下ろす。→はる
新しいくつを下ろす。→初めて使う
銀行でお金を下ろす。→ [④]

(3) 対義語を考えてとらえる

例 野菜が高い。↔ [⑤]（値段）
日本一高い山。↔低い（高度）
水温がやや高い。↔低い（[⑥]）

漢語の多義語

漢語の多義語も、和語の多義語と同様に、適切に意味をとらえる。

例 結構
→おかわりはもう結構です。…これ以上必要ない、十分である
→結構なお天気ですね。…悪いところがない
→結構時間がかかる。…予想以上である様子

例 大変
→大変なことが起こった。…ただごとではない、困った様子
→駅まで行くのは大変だ。…簡単ではない様子
→大変うれしく思います。…非常に、はなはだ

学習日　月　日

問題を解いてみよう！

解答・解説▼別冊9ページ

1 次の(1)～(3)の□に共通してあてはまる言葉を、あとから選んで書きなさい。（同じ言葉は二度使えません。）

(1) ゴールに向かって□。
背中にいたみが□。
地面に亀裂《きれつ》が□。　［　　］

(2) 用事が□。
十分気が□。
出かけずに□。　［　　］

(3) 雨天で遠足が□。
長い年月が□。
アナウンスが□。　［　　］

ちる　はしる　おぼえる
すむ　わかる　ながれる

---

2 次の(1)～(3)の——と近い意味で使われているものはどれですか。最も適切なものを、それぞれあとから選んで記号で書きなさい。

(1) 危険を背負う。
ア 赤ちゃんを背負う。
イ 明るい日ざしを背負う。
ウ 未来を背負う。　［　　］

(2) ボールを遠くにける。
ア 地面を強くけって進む。
イ 合格した学校をける。
ウ 暑くてふとんをける。　［　　］

(3) 体積が大きい。
ア サイズが大きい。
イ 態度が大きい。
ウ 声が大きい。　［　　］

3

次の(1)~(5)の——の意味として最も適切なものを、あとから選んで記号で書きなさい。

(1) 犬に毛布をかける。 〔　　〕

(2) 洋服のボタンをかける。 〔　　〕

(3) 車のエンジンをかける。 〔　　〕

(4) 親にめいわくをかける。 〔　　〕

(5) 友達に声をかける。 〔　　〕

ア 相手に届かせる
イ かぶせるようにして上から物をおおう
ウ 良くない影響《えいきょう》を与《あた》える
エ 外れないように引っかけて固定する
オ 機械を起動する

4

次の(1)~(4)の——と近い意味の言葉として最も適切なものを、それぞれあとから選んで記号で書きなさい。

(1) 話がそれてしまったので戻《もど》す。 〔　　〕

ア うわさ　**イ** 話題　**ウ** 結論

(2) 休みなく足を前へ進める。 〔　　〕

ア 安心　**イ** 休暇《きゅうか》　**ウ** 停止

(3) となりに住むおじいさんは、町の事情に明るい。 〔　　〕

ア 詳《くわ》しい　**イ** 楽しい　**ウ** やかましい

(4) 人の身になって考える。 〔　　〕

ア 体　**イ** 立場　**ウ** 身分

15 和語・漢語・外来語

学習日　月　日

重要！

要点まとめ

解答▶別冊10ページ

和語とは

古くから日本で使われている言葉。多くはひらがなで書かれ、漢字の［①　　］読みで読まれる言葉である。

例　私たちは、決まり（訓読み）を守って生活している。

漢語とは

古くに中国から日本に伝わった言葉。多くは漢字の［②　　］読みで読まれる言葉である。

例　私たちは、規則（音読み）を守って生活している。

近代以降に日本で漢字を組み合わせて作った造語も漢語にふくまれる。＝和製漢語

例　火事・社会・科学・政治

外来語とは

中国以外の外国から伝わった言葉。現在でも増え続けていて、多くは［③　　］で書かれる。

例　私たちは、ルール（カタカナ）を守って生活している。

元の言語の単語を変形したり短縮したり組み合わせたりして、日本で作られた外来語もある。＝和製外来語

例　デパート（デパートメントストアを短縮した言葉）・ワイシャツ（ホワイトシャツを変形した言葉）

和語・漢語・外来語のとらえ方

和語・漢語・外来語の中には、例の「決まり・規則・ルール」のように、互《たが》いに言いかえることができるものもあるが、細かい意味のちがいなどによって、そのうちのどれかでしか表せないものもある。

例 はきもの＝足にはくもの全般。
下駄《げた》（漢語）、くつ（和語）、スリッパ（外来語）など。
（はきもの：和語）

「下駄」や「スリッパ」は「はきもの」にふくまれるので、「下駄」や「スリッパ」を和語に言いかえるとき、「 ④ 」と言いかえることはできる。

しかし、「下駄」や「スリッパ」は「くつ」にはふくまれていないので、「 ⑤ 」と言いかえることはできない。

ここをしっかり！ 漢字で書かれる外来語

外来語は、中国以外の外国から伝わった語である。カタカナで書かれることが多いが、日本語になじみすぎている、漢字でも表記されるなどの理由から、外来語であると気づかれにくい外来語もある。

例 「合羽」＝かっぱ
　ポルトガル語が元の外来語。「雨合羽《あまがっぱ》」のように使われることもある。
「金平糖」＝こんぺいとう
　ポルトガル語が元の外来語。
「お転婆」＝おてんば
　オランダ語が元の外来語。

また、省略されて使われる外来語も多くある。元の外来語を知っておくと意味を理解しやすい。

例 「パソコン」＝パーソナルコンピューター
「コンビニ」＝コンビニエンスストア
「ハンデ」＝ハンディキャップ

学習日 月 日

問題を解いてみよう！

解答・解説▼別冊10ページ

1 次の(1)～(4)の言葉は、あとのどれにあたりますか。あてはまるものを、あとから選んで記号で書きなさい。(同じ記号を何度使ってもかまいません。)

(1) 田んぼ ［　　］　(2) アイデア ［　　］

(3) 読書 ［　　］　(4) 楽しみ ［　　］

ア 和語　**イ** 漢語　**ウ** 外来語

2 次の(1)～(4)の漢語とほぼ同じ意味の外来語として最も適切なものを、あとから選んで記号で書きなさい。

(1) 歩行 ［　　］　(2) 生活 ［　　］

(3) 頂点 ［　　］　(4) 食堂 ［　　］

ア レストラン　**イ** トップ

ウ ライフ　**エ** ウォーキング

3 次の(1)～(6)の言葉は、あとのどれにあたりますか。あてはまるものを、あとから選んで記号で書きなさい。(同じ記号を何度使ってもかまいません。)

(1) 草原《そうげん》 ［　　］　(2) 草原《くさはら》 ［　　］

(3) カステラ ［　　］　(4) 食べ物 ［　　］

(5) カルタ ［　　］　(6) 黒板 ［　　］

ア 和語　**イ** 漢語　**ウ** 外来語

4 次の(1)～(6)の和語とほぼ同じ意味の漢語として最も適切なものを、あとから選んで記号で書きなさい。

(1) ひるごはん ［　　］　(2) まなび ［　　］

(3) やまのぼり ［　　］　(4) さむさ ［　　］

(5) しあわせ ［　　］　(6) いのち ［　　］

ア 寒気　**イ** 登山　**ウ** 幸福

エ 生命　**オ** 昼食　**カ** 学習

5 次の(1)～(6)の文の［　］にあてはまる、【　】の意味を表す外来語として最も適切なものを、あとから選んで記号で書きなさい。

(1) 父からの［　］を思い出す。【助言】　［　　］

(2) 秋にとれる［　］を食べる。【果実】　［　　］

(3) 詩の［　］をくりかえす。【文句】　［　　］

(4) 友人へ［　］を送る。【伝言】　［　　］

(5) 物語の［　］について語り合う。【主題】　［　　］

(6) ［　］に気をつかう。【服装】　［　　］

ア テーマ　**イ** メッセージ
ウ フレーズ　**エ** ファッション
オ フルーツ　**カ** アドバイス

---

6 次の(1)～(4)の言葉を、それぞれ指定された字数に省略して書きなさい。また、(5)～(8)の省略された言葉を、それぞれ指定された字数にもどして書きなさい。

(1) ノートブック（三字）　［　　］

(2) アルバイト（三字）　［　　］

(3) エアコンディショナー（四字）　［　　］

(4) リモートコントローラー（四字）　［　　］

(5) アスパラ（六字）　［　　］

(6) リュック（七字）　［　　］

(7) ネット（七字）　［　　］

(8) ファミレス（十字）　［　　］

❶ 言葉　❷ 文法　❸ 読解

16 複合語

学習日　月　日

要点まとめ

解答▼別冊11ページ

複合語とは

二つ以上の言葉が結びつき、別の一つの言葉になったもの＝複合語

例 雨水（あまみず）　雨＋水　・　図書館（としょかん）　図書＋館

元の言葉と ① が変わることもある。

例 作り話（つくりばなし）　つくり＋はなし　「は」→「ば」と発音がにごる　・　船旅（ふなたび）　ふね＋たび　「ね」→「な」となる

複合語の種類

●和語と和語が結びついたもの

例 旅立つ　旅＋立つ　・　後ろ姿　② ＋姿

●漢語と漢語が結びついたもの

例 生徒会　生徒＋会　・　修学旅行　③ ＋旅行

●外来語と外来語が結びついたもの

例 サッカーチーム　サッカー＋チーム　・　ホームパーティー　④ ＋パーティー

●和語と漢語が結びついたもの

例 赤信号（赤＋信号）・人数合わせ（人数＋⑤　　）

●和語と外来語が結びついたもの

例 消しゴム（⑥　　＋ゴム）・ビニール袋《ぶくろ》（ビニール＋袋）

●漢語と外来語が結びついたもの

例 計量カップ（計量＋カップ）・テレビ局（⑦　　＋局）

複合語の品詞

●複合名詞…名詞の上にほかの単語が結びつき、別の一つの**名詞**になったもの。

例 坊主頭《ぼうず》（坊主＋頭）・くやし涙《なみだ》（⑧　　＋涙）

●複合動詞…動詞の上にほかの単語が結びつき、別の一つの**動詞**になったもの。

例 見そこなう（⑨　　＋そこなう）・長引く（長い＋引く）

●複合形容詞…形容詞の上にほかの単語が結びつき、別の一つの**形容詞**になったもの。

例 心強い（心＋強い）・聞き苦しい（⑩　　＋苦しい）

1章 言葉

17 慣用句

重要!

学習日 月 日

要点まとめ

解答▼別冊12ページ

慣用句とは

二つ以上の言葉が組み合わされて、新しい意味をもつようになった決まり文句＝慣用句

身体に関する言葉、動物や植物に関する言葉、道具に関する言葉をふくむものなどがある。

例 頭をかかえる…心配事などがあって考えこむ。

①［　　］に関する言葉

②［　　］がすべる…うっかり話してしまう。

動物に関する言葉

③［　　］が合う…他人と気が合う。

④［　　］の涙《なみだ》…ごくわずかの量。

● 身体に関する言葉をふくむ慣用句

例 腕《うで》が上がる…技能が上達する。

腹を割る…本心を打ち明ける。

⑤［　　］が出る…支出が予算をこえる。

⑥［　　］であしらう…人をばかにして冷たい態度をとる。

⑦［　　］が広い…つきあいが広い。

● 動物や植物に関する言葉をふくむ慣用句

例 飼い⑧［　　］に手をかまれる…かわいがっていた相手に裏切られる。

⑨［　　］の歩み…進み具合が遅《おそ》いこと。

⑩［　　］を割ったよう…性格がさっぱりしているさま。

花を持たせる…相手に手柄《てがら》や名誉《めいよ》をゆずる。

根を下ろす…定着する。

● 道具に関する言葉をふくむ慣用句

例 矢面《やおもて》に立つ…非難や攻撃《こうげき》を受ける立場に立つ。

板につく…役割に慣れてなじんでくる。

弓を引く…相手にそむく。

語句や意味をまちがえやすい慣用句

慣用句には、語句をまちがえて覚えられているものや、意味をまちがえて使われているものも多い。

●語句をまちがえやすい慣用句

例
○手をこまねく（×手まねく）
…自分からは何もせず、ただ見ている。
○まゆをひそめる（×目をひそめる）
…いやな顔をする。心配そうにする。
○横車をおす（×横車を入れる）
…⑪［　　］なことをおし通す。

●意味をまちがえやすい慣用句

例
気が置けない
…○遠慮《えんりょ》がいらない。（×心を許せない。）
⑫［　　］が立つ
…○文章を上手に書く。（×字を上手に書く。）
目から鼻へぬける
…○非常にかしこい。（×ずるがしこい。）

ここをしっかり！ **慣用句として使われる場合**

慣用句にはそれぞれ意味があるが、どんな場合でも慣用句としての意味で使われるとはかぎらない。

例
頭が痛い…困っている。なやんでいる。（慣用句）
「計画がうまく進まず、頭が痛い」（慣用句としての意味「困っている」）
「頭が痛いので、薬を飲んで休む」（文字どおりの意味「頭痛がする」）

慣用句としての意味で使われているのか、文字どおりの意味で使われているのかは、場合によって異なる。文章の前後をよく読んだり聞いたりすることで、どのような使われ方をしているのかを正しく判断することが大切である。

学習日 月 日

問題を解いてみよう！

解答・解説▼別冊12ページ

1 次の(1)〜(8)の意味を表す慣用句を、あとから選んで記号で書きなさい。

(1) 忙《いそが》しくて人手がほしい。 〔　　〕
(2) 自分を悪く言われ、聞くのがつらい。 〔　　〕
(3) 相手が強くてかなわない。 〔　　〕
(4) 話を実際よりも大げさにする。 〔　　〕
(5) 冷たく人をあしらう。 〔　　〕
(6) 数量をごまかす。 〔　　〕
(7) はらはらしながら様子を見守る。 〔　　〕
(8) 知らないふりをしてとぼける。 〔　　〕

ア 歯が立たない　**イ** 木で鼻をくくる
ウ さばを読む　**エ** しらを切る
オ 手に汗をにぎる　**カ** 耳が痛い
キ 尾ひれをつける　**ク** ねこの手も借りたい

2 次の(1)〜(10)が【　】の意味を表す慣用句になるように、□にあてはまる漢字をあとから選んで書きなさい。

(1) □を長くする【待ちわびる】 〔　　〕
(2) □を切る【最初に発言する】 〔　　〕
(3) □が折れる【苦労する】 〔　　〕
(4) □をくいしばる【たえる】 〔　　〕
(5) □をしぼる【きつくしかる】 〔　　〕
(6) □をふむ【その地へ行く】 〔　　〕
(7) □を結ぶ【良い結果として現れる】 〔　　〕
(8) □を持《じ》す【準備して待つ】 〔　　〕
(9) □にかける【自慢《じまん》する】 〔　　〕
(10) □にもつ【いつまでもうらむ】 〔　　〕

骨	土	鼻	歯	実	
首	満	口	根	油	

3

次の(1)～(8)が【　】の意味を表す慣用句になるように、□にあてはまる言葉をあとから選んで記号で書きなさい。

(1) 手を□【相手と関係をたつ】〔　　〕

(2) 手を□【あつかいに困る】〔　　〕

(3) 目を□【めんどうをみる】〔　　〕

(4) 目を□【かくれて物事を行う】〔　　〕

(5) さじを□【見こみがないとあきらめる】〔　　〕

(6) 下駄《げた》を□【相手にすべてを任せる】〔　　〕

(7) お茶を□【適当にその場をごまかす】〔　　〕

(8) ねこを□【人前でおとなしくする】〔　　〕

ア かける　**イ** 預ける　**ウ** 切る

エ にごす　**オ** 焼く　**カ** かぶる

キ 投げる　**ク** ぬすむ

4

次の(1)～(5)の文の――を、正しい慣用句になるように書きかえなさい。

(1) 白熱した議論に水をかけるようなことを言うな。〔　　〕

(2) はずかしくて、目から火が出る思いをした。〔　　〕

(3) 自分の身につまれるような出来事が起こった。〔　　〕

(4) 私は、熱にうなされたように夢中になった。〔　　〕

(5) 相手の事情を聞かず、横車を走らせる。〔　　〕

1章 言葉

18 ことわざ

学習日 月 日

重要！

要点まとめ

解答▼別冊13ページ

ことわざとは

昔から人々の間で用いられてきた、**教訓やいましめをふくんだ短い言葉**＝ことわざ

ことわざには、**動物**や**植物**、**身体**、**数字**、**道具**に関するものなどがある。

例 **雨降って地固まる**…もめごとのあとにはかえってものごとが良くなる。

雨が降る＝［①］、地が固まる＝ものごとが良くなることのたとえ。

似た意味をもつことわざ

ことわざには、**似た意味をもつもの**や、**反対の意味をもつもの**もある。

例 **ぶたに真珠《しんじゅ》**＝**ねこに小判**

…値打ちのわからぬ者には貴重なものものむだだ。

反対の意味をもつことわざ

例 **好きこそ物の上手なれ**

…好きであることが上達につながる。

⇔

下手の横好き

…上手でもないのに、あることを好きでいる。

●動物や植物に関することわざ

例 **立つ鳥あとをにごさず**

…場を去るときには、後始末をするべきだ。

猿《さる》も木から落ちる＝**かっぱの川流れ**

似た意味のことわざ

…どんな名人でも時には［②］する。

かえるの子はかえる…子は親に［③］。

⇔ 反対の意味のことわざ

とびがたかを生む

…親に似ていない優《すぐ》れた子が生まれる。

●身体に関することわざ

例 弱り目にたたり目…良くないことが重なる。

壁《かべ》に（④）あり障子に目あり

…どこで誰《だれ》が見聞きしているかわからないので注意すべきだ。

口は災《わざわ》いのもと…発言には注意すべきだ。

●数字に関することわざ

例 三人よれば文殊《もんじゅ》の知恵《ちえ》

…何人かで話し合えば良い知恵がうかぶ。

⇔

船頭多くして船山へ登る

…指導者が多いと、かえって混乱する。

石の上にも三年

…辛抱《しんぼう》していればいつか（⑤）する。

●道具に関することわざ

例 転ばぬ先のつえ

…失敗に備えて（⑥）する。

のれんに腕《うで》おし＝ぬかに釘《くぎ》＝豆腐《とうふ》にかすがい

…何の（⑦）もない。

意味や使い方をまちがえやすいことわざ

例 情けは人のためならず

…他人への情けは、ひいては自分のためになる。

「他人のためにならない」はまちがい

住めば都

…どんな所でも、長く住むと愛着がわいてくる。

「住むのは都会がよい」はまちがい

枯《かれ》木《き》も山のにぎわい

…つまらないものでも、ないよりはましだ。

相手に対して使うと失礼にあたる

問題を解いてみよう！

解答・解説▼別冊13ページ

学習日 月 日

1 次の(1)～(6)のことわざの意味として最も適切なものを、あとから選んで記号で書きなさい。

(1) 石橋をたたいて渡《わた》る 〔　〕
(2) どんぐりの背くらべ 〔　〕
(3) 帯に短したすきに長し 〔　〕
(4) けがの功名 〔　〕
(5) たで食う虫も好き好き 〔　〕
(6) 長いものには巻かれよ 〔　〕

ア 中途半端《ちゅうとはんぱ》で、役に立たないこと。
イ 人の好みはさまざまであること。
ウ 用心深くものごとを行うこと。
エ 力のある相手には従うのが良いこと。
オ どれも平凡《へいぼん》で、優《すぐ》れたものがないこと。
カ 失敗したことがかえって良い結果になること。

2 次の(1)～(4)のことわざと似た意味のことわざを、あとから選んで記号で書きなさい。

(1) 月とすっぽん 〔　〕
(2) 三つ子の魂《たましい》百まで 〔　〕
(3) あぶはち取らず 〔　〕
(4) 急がば回れ 〔　〕

ア 二兎《にと》を追う者は一兎をも得ず
イ 雀《すずめ》百まで踊《おど》りわすれず
ウ 急《せ》いては事をし損じる
エ ちょうちんに釣鐘《つりがね》

3 次の(1)～(4)がことわざになるように、□にあてはまる体の一部を漢字で書きなさい。

(1) 馬の□に念仏 〔　〕
(2) □隠《かく》して尻《しり》隠さず 〔　〕
(3) ぬれ□で粟《あわ》 〔　〕
(4) 背に□は代えられぬ 〔　〕

4 次の(1)〜(4)のことわざと反対の意味のことわざを、あとから選んで記号で書きなさい。

(1) 待てば海路の日和《ひより》あり 〔　〕

(2) まかぬ種は生えぬ 〔　〕

(3) 君子危《あや》うきに近寄らず 〔　〕

(4) 渡《わた》る世間に鬼《おに》はない 〔　〕

ア 人を見たら泥棒《どろぼう》と思え

イ 棚《たな》からぼたもち

ウ 思い立ったが吉日《きちじつ》

エ 虎穴《こけつ》に入らずんば虎児を得ず

5 次の(1)〜(4)のことわざの□にあてはまる漢数字を書きなさい。

(1) 仏の顔も□度まで 〔　〕

(2) 一寸の虫にも□分の魂 〔　〕

(3) □里の道も一歩から 〔　〕

(4) 一事が□事 〔　〕

---

6 次の(1)〜(3)のことわざの正しい意味を、それぞれあとから選んで記号で書きなさい。

(1) 馬子《まご》にも衣装《いしょう》

ア 立派な人は、立場に見合った立派な装《よそお》いが自然と似合うということ。

イ どんな人も、立派に装えばそれなりに良く見えるということ。 〔　〕

(2) 雨だれ石をうがつ

ア ささいなことでも、根気よく続けていればいつかは実を結ぶということ。

イ 思ってもいないような出来事が、ある日突然《とつぜん》降りかかるということ。 〔　〕

(3) とらぬ狸《たぬき》の皮算用

ア まだ実現していないことをあてにして、今後の計画を立てること。

イ 起こるかもしれない失敗に備えて、用心して計画を進めること。 〔　〕

1章 言葉

19 故事成語

学習日 月 日

要点まとめ

解答▼別冊14ページ

故事成語とは

何かのいわれ（故事）がもとになって広く使われるようになった言葉＝故事成語

① の故事がもとになっているものが多い。

↓故事の内容を知っておくと、故事成語の意味を理解しやすくなる。

例 杞憂《きゆう》 中国の杞の国の人が、天がくずれるのではないかと心配した故事。

無用の心配、とりこし苦労を意味する

登竜門《とうりゅうもん》 中国の黄河《こうが》にある竜門という場所をコイが登ると、竜になると言われた故事。

立身出世の関門を意味する

主な故事成語とその意味

例 矛盾《むじゅん》

故事 商人が、何でも突《つ》き通すことのできる矛《ほこ》と、何でも防ぐことのできる盾《たて》を売っていた。商人は客から「その矛でその盾を突いたらどうなるのか」と聞かれ、答えられなかった。

意味 つじつまが ② こと。

「あなたの発言は矛盾しています」

蛍雪《けいせつ》の功

故事 ある貧しい人は明かりをつける油が買えず、夏の蛍の光で勉強をした。別の貧しい人は、冬の雪明かりで勉強をした。どちらの人も、ゆくゆくは立派な立場についた。

意味 苦労して ③ にはげむこと。または、その成果。

「蛍雪の功が実を結び、志望校に合格した」

五十歩《ごじっぽ》百歩

故事 戦いのときに五十歩逃《に》げた者が百歩逃げた者を臆病者《おくびょうもの》だと笑ったが、［ ④ ］という点ではどちらも同じであった。

意味 少しちがうだけで、本質的には同じであること。

「二人とも遅《おく》れてきたのだから五十歩百歩だ」

蛇足《だそく》

故事 蛇《へび》の絵を早く描《か》く競争をしたとき、最初に描きあげた者が蛇にはない足まで描き足したが、その間に先を越《こ》されて負けてしまった。

意味 ［ ⑤ ］のないものをつけ足すこと。

「いい演説だったが、最後の一言は蛇足だった」

羊頭狗肉《ようとうくにく》

故事 羊の頭を店頭にかかげた店が、実際は犬の肉を売っていた。「狗」とは犬のこと。

意味 見かけと［ ⑥ ］が合わないこと。

「産地を偽《いつわ》るなんて羊頭狗肉だ」

漁夫《ぎょふ》の利

故事 シギ（鳥の一種）がハマグリを食べようとくちばしを入れたところ、ハマグリがからを閉じてくちばしをはさみ、両者の争いになった。そこを通りかかった第三者である漁師は、両方をつかまえた。

意味 ［ ⑦ ］が利益を横取りすること。

「兄とお菓子《かし》を取り合っていたら、漁夫の利で弟が食べてしまった」

背水の陣《じん》

故事 中国の漢《かん》の国は趙《ちょう》の国と戦ったときに、あえて川を背にして後ろへ逃げられない状況《じょうきょう》をつくり、勝つことができた。

意味 ［ ⑧ ］にひけないという覚悟《かくご》を持って挑《いど》むこと。

「退路をたって、背水の陣で挑戦《ちょうせん》する」

故事成語には、難しい漢字が使われているものも多いので、まちがえないように気をつけること。

20 三字熟語・四字熟語

学習日 月 日

重要!

要点まとめ

解答▶別冊14ページ

三字熟語とは

三字の漢字で構成される熟語＝三字熟語

単なる熟語ではなく、特別な意味をもつものもある。

例 衣食住…衣服と食事と住居。生活のすべて。
衣服 ＋ 食事 ＋ 住居

三字熟語の構成

(1) ① 字の漢字が対等に並んでいるもの

例 雪月花（雪＋月＋花）…四季の代表的な景色。
天地人（天＋地＋人）…宇宙のすべてのもの。
大中小・陸海空・真善美

(2) 上の一字が下の二字熟語を修飾《しゅうしょく》しているもの

例 銀世界（銀色の↓世界）…雪が降る白い景色。
古新聞・大改革・再利用・微生物《びせいぶつ》・逆効果

(3) 上の一字が「未・② ・不・非」であり、下の二字熟語を打ち消しているもの

例 未使用（ ③ 使っていない）
無関心（関心がない）・不利益（利益がない）
非常識（常識がない）・無事故・不公平

(4) 上の二字熟語が下の一字を ④ しているもの

例 太陽熱（太陽の↓熱）・測定器（測定する↓器具）
兄弟愛・想像力・美術館・類似品《るいじひん》

(5) 二字 ⑤ の下に「的・性・ ⑥ ・然」がつくもの

例 理想的（理想の状態にある）・好意的
人間性（人間の性質）・社会性
近代化（近代になる）
学者然（学者のような様子）

四字熟語とは

四字の漢字で構成される熟語＝四字熟語

単なる熟語ではなく、特別な意味をもつものもある。

例 **自画自賛**…自分で自分をほめること。

自分で描《か》いた画《え》 → 自分でほめる

四字熟語の構成

(1) ［⑦　　］字の漢字が対等に並んでいるもの

例 **東西南北**（東＋西＋南＋北）

花鳥風月・**春夏秋冬**・**上下左右**

(2) 類義語、［⑧　　］語である二字熟語が二つ対等に並んでいるもの

例 **誠心誠意**（誠心 ≒ 誠意　類義語）…真心をつくすこと。

不眠不休《ふみんふきゅう》…眠《ねむ》らず、休まず取り組むこと。

四苦八苦…非常に苦しむこと。

右往左往…行ったり来たりして迷うこと。

一喜一憂《いっきいちゆう》（一喜 ↕ 一憂　対義語）…喜んだり心配したりせわしないこと。

優勝劣敗《ゆうしょうれっぱい》…優《すぐ》れた者が勝ち、劣《おと》った者が負けること。

有名無実…名ばかりで中身のともなわないこと。

面従腹背…表向きは従うが、裏では背《そむ》くこと。

(3) 上の二字熟語が下の二字熟語にかかるもの

例 **円満解決**（円満に↓解決する）

安全地帯・**二人三脚**《ににんさんきゃく》・**中央集権**

主な四字熟語

例 以心伝心…言葉がなくても気持ちが伝わること。

立身出世…社会的に認められて世に出ること。

津々浦々《つつうらうら》…全国のいたるところ。

無我夢中…我を忘れるほど心をうばわれること。

公明正大…公平でかくしごとがない様子。

大器晩成…優れた人はあとから大成すること。

学習日　月　日

問題を解いてみよう！

解答・解説▼別冊14ページ

1

次の(1)～(5)の三字熟語と同じ構成のものを、あとから選んで記号で書きなさい。

(1) 無意識［　　］　(2) 上中下［　　］
(3) 総予算［　　］　(4) 成人式［　　］
(5) 最適化［　　］

ア 合言葉　イ 心技体　ウ 公共性
エ 健康法　オ 不可能

2

次の(1)～(4)の三字熟語の□にあてはまる漢字として最も適切なものを、あとから選んで書きなさい。

(1) □完成［　　］　(2) □条件［　　］
(3) □公式［　　］　(4) □自然［　　］

不　無　非　未

3

次の(1)～(3)の三字熟語を漢字で書いたときに正しいものを、それぞれあとから選んで記号で書きなさい。

(1) グタイテキ［　　］
ア 具体敵　イ 具態敵　ウ 具体的　エ 具態的

(2) フシゼン［　　］
ア 不死然　イ 不自然　ウ 不死全　エ 不自全

(3) ビョウドウセイ［　　］
ア 平等性　イ 平同性　ウ 評等性　エ 評同性

4

次の(1)～(3)の三字熟語の読みをひらがなで書き、意味として最も適切なものを、あとから選んで記号で書きなさい。

(1) 大団円　読み［　　］意味［　　］
(2) 有頂天　読み［　　］意味［　　］
(3) 生半可　読み［　　］意味［　　］

ア 中途半端《ちゅうとはんぱ》なこと。　イ 得意げであること。
ウ 物事がうまくおさまる結末のこと。

5

次の(1)~(3)の四字熟語と同じ構成のものを、あとから選んで記号で書きなさい。

(1) 起承転結［　　］　(2) 天変地異［　　］

(3) 観察日記［　　］

ア 調査結果　イ 晴耕雨読　ウ 喜《き》怒《ど》哀楽《あいらく》

6

次の(1)~(3)の文の□にあてはまる四字熟語として最も適切なものを、あとから選んで記号で書きなさい。

(1) 学問は□には身につかないので、根気強く取り組もう。［　　］

(2) 友達からの手紙が届くまで、□の思いで過ごす。［　　］

(3) 約束の時間に間に合うように、□に目的地へと急いだ。［　　］

ア 一心不乱　イ 一朝一夕《いっちょういっせき》　ウ 一日千秋

7

次の(1)~(6)の——の四字熟語の中から、誤って使われている漢字を見つけ、正しい漢字に直して書きなさい。

例 私と友達はまるで一身同体だ。　誤［身］→正［心］

(1) 兄の行動は意味深重だった。　誤［　］→正［　］

(2) 転校先で新機一転頑《がん》張《ば》りたい。　誤［　］→正［　］

(3) 絶対絶命の危険な目にあう。　誤［　］→正［　］

(4) 先生が短刀直入に話を始めた。　誤［　］→正［　］

(5) 落ち着いて取り組もう、由断大敵だ。　誤［　］→正［　］

(6) 彼《かれ》は完全無決の人物だ。　誤［　］→正［　］

21 敬語

学習日　月　日

重要!

要点まとめ

解答▶別冊16ページ

敬語とは

聞き手や話の中に出てくる人などに対して敬意を表すために使う言葉。

例 先生がおっしゃることは、本当に素敵《すてき》です。（敬語）

→「先生」の動作に、敬う表現を使うことによって、「先生」に対する ① を表している。

例 私はこれから先生のお宅にうかがいます。（敬語）

→「私」の動作に、へりくだる表現を使うことによって、「先生」に対する敬意を表している。

敬語の種類

(1) 尊敬語

相手や話題になっている人の動作を敬って言うことで、その動作をしている人への敬意を表す言葉。

●特別な言い方の尊敬語

例 いらっしゃる（いる・来る・行く）

おっしゃる（言う）

めしあがる（②）

●「お（ご）~になる」という形の尊敬語

例 社長がお帰りになります。

●「~れる（られる）」という形の尊敬語

例 お客様が、バスに乗られました。

●言葉の最初に「お」や「ご」をつけた尊敬語

例 ご入学おめでとうございます。

(2) 謙譲語《けんじょうご》

自分や身内の人の動作をへりくだって言うことで、その動作を受ける人への敬意を表す言葉。

●特別な言い方の謙譲語

例 うかがう（行く・たずねる・③＿＿＿）

いただく（食べる・④＿＿＿）

●「お（ご）～する」という形の謙譲語

例 みんなで先生を、おむかえしました。

(3) 丁寧語《ていねいご》

話し手や書き手が、**言い方（主に文末）を丁寧にする**ことによって、相手（聞き手や読み手）に対する敬意を表す言葉。

例 これが探していた本です。

私がそこへ行きます。

道の向こうが駅でございます。

●敬語は主に動作に使う

「お茶」や「ご飯」など、名詞（ものの名前を表す言葉）の上に「お」「ご」をつける敬語もあるが、多くは動詞（動作を表す言葉）の部分を変化させて敬語とする。

例 あの方がご覧になった絵はこちらです。

→「見る」という動詞を「ご覧になる」と変化させて敬語としている。

ここをしっかり！ 尊敬語と謙譲語の使い分け方

動作の主語が、相手や話題の中の人だった場合は尊敬語、自分や身内の人だった場合は謙譲語を使う。

例 お客様、お話をうかがいますので、こちらで少々お待ちになってください。

話を聞くのは自分→ ⑤＿＿＿語

待つのはお客様→ ⑥＿＿＿語

学習日 月 日

問題を解いてみよう！

解答・解説▼別冊16ページ

1

次の(1)~(3)の――を敬語に直すとき、最も適切なものを、あとから選んで記号で書きなさい。

(1) 明日うちにお客様が来ます。 ［　］

(2) 私は先生から本をもらいます。 ［　］

(3) ぼくはこれからそちらに行きます。 ［　］

ア まいり　**イ** いらっしゃい　**ウ** いただき

2

次の(1)~(3)の――の敬語の種類として最も適切なものを、あとから選んで記号で書きなさい。

(1) おつかれになったでしょう。 ［　］

(2) 感謝の意をお伝えしました。 ［　］

(3) ご質問はございませんか。 ［　］

ア 丁寧《ていねい》語　**イ** 尊敬語　**ウ** 謙譲《けんじょう》語

3

次の(1)~(4)の――を敬語を使わずに表すとき、最も適切なものを、あとから選んで記号で書きなさい。

(1) 私が作品を拝見するのは明日です。 ［　］

(2) お客様が料理をなさる。 ［　］

(3) 弟が意見を申し上げる。 ［　］

(4) 先生は家にいらっしゃる。 ［　］

ア 言う　**イ** する　**ウ** いる　**エ** 見る

4

次の(1)~(4)の――の敬語の種類として最も適切なものを、あとから選んで記号で書きなさい。（同じ記号を何度使ってもかまいません。）

先生は私に「美術館の絵を見に行き(1)ましょう」と(2)おっしゃいました。私は「ぜひ、(3)ご一緒《いっしょ》したいです」と(4)申しました。

(1)［　］　(2)［　］

(3)［　］　(4)［　］

ア 丁寧語　**イ** 尊敬語　**ウ** 謙譲語

5

次の(1)〜(8)の□にあてはまるものとして、敬語の使い方が適切なほうをそれぞれ**ア**・**イ**から選び、○をつけなさい。

(1) 私は家庭科の先生が作ったご飯を□ました。
（**ア** めしあがり　**イ** いただき）

(2) お客様が席に□ました。
（**ア** おつきいたし　**イ** おつきになり）

(3) 今、兄がこちらに□ました。
（**ア** まいり　**イ** いらっしゃい）

(4) こちらからあなたのお母様に□ます。
（**ア** お渡《わた》しし　**イ** お渡しになり）

(5) 山本様はひかえ室に□ました。
（**ア** おり　**イ** いらっしゃい）

(6) すみませんが、父は今、家に□ません。
（**ア** おり　**イ** いらっしゃい）

(7) おたずねしますが、□はどこでしょうか。
（**ア** トイレ　**イ** おトイレ）

(8) 先生が会場に□ました。
（**ア** おいでになられ　**イ** おいでになり）

6

次の(1)〜(4)の――の敬語のまちがいの説明として最も適切なものを、あとから選んで記号で書きなさい。

(1) 我々が、みなさまにおジュースを配ります。 〔　　〕

(2) こちらに参上するときは、ぜひご連絡《れんらく》ください。 〔　　〕

(3) 先生は、そのようにお話しになられました。 〔　　〕

(4) 私が、お客様に商品の使い方をご説明になりました。 〔　　〕

ア 二重に敬語が使われている。

イ 「お」や「ご」を、使うべきではないところに使っている。

ウ 尊敬語を使うべきところに、謙譲語を使っている。

エ 謙譲語を使うべきところに、尊敬語を使っている。

1章 言葉

22 方言と共通語

学習日 月 日

要点まとめ

解答▶別冊17ページ

方言とは

語句や表現、発音などに ① ごとの特色が表れた言葉＝方言

例 かたづける
かたす・くるめる・しまう・しまつする・すまう・とらげる・とろける・なおす・のける など

例 とても
めっちゃ・えらい・ひって・でら・ぶち・なまら・しんけん・ぼっけえ など

↓同じ意味を表しているが ② は異なる。

共通語とは

どの地域の人にも通用するものとして作られた言葉

例 「五月末から七月中にかけての、くもりや雨の日が多くなる時期」を指す言葉
方言…各地で「サンズイ・ナガメ・ナガセ・ニューバイ・ツユ・ツユリ」などと言われる。
他の地域の人には伝わりにくい
← ③ では「つゆ」と言う。
どの地域の人にも伝わりやすい

方言のとらえ方

方言は、その地域の文化や風土、生活に根ざした言葉である。語句や意味が共通語と異なることがあるので、知らない場合は文章や話の前後から考える必要がある。

●語句そのものが共通語と異なる方言

例 あの人はとてもちゅらかーぎーだ。
↓「美人」という意味の沖縄の方言

例 みあんべ次第で行くかどうか決める。
↓「体調」という意味の山形の方言

●共通語と同じ語句だが ④ が異なる方言

例 その空箱をなげておいて。
方言では「捨てる」という意味

今日は体がえらいわ。
方言では「だるい・つらい」という意味

●同じ語句で発音や ⑤ が異なる方言

例「山（やま）」「川（かわ）」
東京では二字目にアクセント
大阪では一字目にアクセント

ここをしっかり！

共通語の特徴《とくちょう》と使いどころ

共通語は、どの地域の人にも通用するものとして作られた言葉なので、多くの人を相手にする場合や見知らぬ人を相手にする場合に適している。

（長所）
ことがらや気持ちが多くの人に伝わりやすい。
誤解をさけることができる。

その反面、方言に比べるとよそよそしく、情がこもらない、味気ない表現になることもある。

（短所）
感情が伝わりにくい。
方言に比べて親しみがわきにくいことがある。

共通語は公的な場面で使う、もしくは異なる地域の人同士がなるべく誤解せずに交流するために使うときに向いている。

23 話し言葉と書き言葉

学習日　月　日

要点まとめ

解答▼別冊17ページ

話し言葉とは

ふだんの会話で用いる言葉＝話し言葉

・声量やアクセントの強弱、間の取り方などで自分の気持ちを表すことができる。
・「ちょっと」など、くだけた印象の言葉ややわらかい表現が使われることが多い。
・内容を考えながら話すことが多いため、「ええと」「まあ」のような言葉がはさまれることもある。
・言葉の順序が入れかわることもある。

例 あんまり眠《ねむ》れないくらい気になっちゃって。だって、私としてはまあ、ちょっと聞いただけなのに、気ぃ悪くしちゃったみたいだから。

書き言葉とは

文章を書くときに用いる言葉＝書き言葉

・文法上正しい文章で、伝えたいことを正確に伝えることができる。
・誰《だれ》が読んでもわかるように共通語を用いる。
・主語・述語をはっきりさせ、語順や構成を整える。
・余分な表現はつけず、簡潔な言葉を使うようにする。
・かたい印象をあたえることが多い。

例 正しい言葉

あまり眠れないほど気になってしまいました。なぜなら、私としては少したずねただけなのですが、彼女《かのじょ》は気を悪くしてしまったようだからです。

①

・述語をはっきりさせる

話し言葉を書き言葉に直す

例 ⑴やっぱり、もう少し明るい色が必要です。⑵この場の雰囲気《ふんいき》に合います、そのほうが。⑶一番初めの最初に選んだ色がいいと思います。

●余分な表現を取り、簡潔な言葉に直す

(1) 促音便《そくおんびん》（「っ」）は不要で「②＿＿」とする。

●語順や構成を整える

(2) 語順がわかりにくいため、「③＿＿」という部分を文の④＿＿に移動する。

●二重表現を直す

(3) 「一番初め」と「最初」は同じ意味の言葉なので、重ねずにどちらか⑤＿＿だけ残す。

例 やはり、もう少し明るい色が必要です。この場の雰囲気に合います。そのほうが、最初に選んだ色がいいと思います。

ここをしっかり！ 「ら」抜《ぬ》き言葉・「い」抜き言葉

話し言葉では使うことがあっても、書き言葉では使うべきではない言葉として、「ら」抜き言葉や「い」抜き言葉がある。

例
× これなら食べれる。
○ これなら食べられる。
「ら」抜き言葉

例
× どんな季節でも着れる。
○ どんな季節でも着られる。
「着る」の「着」はイ段
→「られる」をつける

例
× そう思ってます。
○ そう思っています。
「い」抜き言葉
「～している」という意味の「い」を省略しないこと。

24 言葉の変化

学習日 月 日

要点まとめ

解答▶別冊17ページ

時代による言葉の変化

同じ日本の言葉であっても、古い時代の言葉で今は使われていない言葉や、形は同じものの異なる意味で使われている言葉などがある。

古い時代の言葉＝古語

今の時代の言葉＝現代語

例 先達《せんだち》はあらまほしきことなり。『徒然草《つれづれぐさ》』

古い時代には「いてほしい」という意味で使われた言葉。今の時代では使われて ① 。

例 うつくし ↓ 昔はかわいらしいという意味。

うつくしい ↓ 今はきれいだという意味。

② と昔で意味が異なる。

世代による言葉の変化

同じ時代の人であっても、世代によって異なる言葉を使うことがある。

新しく作られたり（流行語）、外国から取り入れられたり（ ③ ）した言葉＝新語

古い世代の言葉＝旧語

ほとんど使われなくなった言葉＝死語

例 寝《ね》る時に身に着ける服

寝間着 ↓ 旧語

ナイトウエア ↓ ④

略語（短縮語）もよく使われる。

例 バ先 ↓ 「アルバイト先」の ⑤

段ち ↓ 「段ちがい」の略語

異なる世代の人には通じないことがあるので注意が必要

変化した言葉の意味のとらえ方

意味を知らない言葉があったときに、文脈から推測できる場合もある。

例 祖父はゆっくりとさじを手に取った。そして、シロップのかかったかき氷をすくって口に運んだ。

「手に取った」…物の名前であると推測できる
それを使って「かき氷をすくって口に運んだ」
…かき氷を食べるときに使う物と推測できる
↓さじとは［⑥　　］だと考えられる。

例 茶の間に家族が集まった。隣《となり》の台所では、犬がごろごろとくつろいでいる。

「家族が集まった」…家の中にある場所の名前であると推測できる
「隣の台所」…台所に接した場所であると推測できる
↓茶の間とは［⑦　　］だと考えられる。

中学ではどうなる？

古文を読む

中学生になると、古文の学習が始まり、今から千年ほど前の、古い時代の言葉を使った文章を読む。古文には、『かぐや姫《ひめ》』として知られている『竹取《たけとり》物語』や、十三世紀に成立した軍記物語である『平家物語』など、多くの作品がある。

例 『竹取物語』
今は昔、竹取の翁《おきな》といふ《う》者ありけり。野山にまじりて竹を取りつつ、よろづ《ず》の事につかひ《い》けり。
↓「〜けり」のように文末の形が異なる。
↓「よろづの事」とは「いろいろなこと」という意味。

例 『平家物語』
十二束三伏《じゅうにそくみつぶせ》、弓は強し、……
↓長さの表し方が異なる。
「束」＝こぶし一握《ひとにぎ》り（指四本ぶん）の幅《はば》。
「伏」＝指一本ぶんの幅。

25 主語・述語

学習日　月　日

重要!

要点まとめ

解答▶別冊17ページ

主語とは

文章中で主体となる、「誰《だれ》が」「何が」「誰は」「何は」を表す言葉。

例 弟が笑った。

「弟が」が ① 。「誰が」笑ったかを表す。

主語は、「誰も」「何も」「誰こそ」「何こそ」などの形をとる場合もある。

例 今日の朝、アサガオもさいた。

「 ② 」が主語

君こそリーダーに向いている。

「君こそ」が主語

述語とは

文章中で主体の動作や様子となる「どうする」「どんなだ」などを表す言葉。

例 弟が笑った。

主語

「笑った」が ③

弟が「どうする」か、動作を表す。

祖母はとてもやさしい。

主語

「 ④ 」が述語

祖母が「どんな」か、様子を表す。

述語が「何だ」「ある・いる・ない」などを表す場合もある。

例 兄は学生だ。

述語

子犬がいる。

述語

何もない。

述語

主語・述語の基本の型と述語の働き

主語・述語の基本の型は、述語の働きによって主に四つに分けられる。

(1) 誰（何）が―どうする（動作を表す）

例 風が 吹《ふ》く。
述語の働きは「どうする」

(2) 誰（何）が―どんなだ（様子を表す）

例 花が きれいだ。
述語の働きは「どんなだ」

(3) 誰（何）が―何だ（物の名前を表す）

例 あれが 私の かばんだ。
述語の働きは「何だ」

(4) 誰（何）が―ある／いる／ない（存在を表す）

例 部屋に 姉が いる。
述語の働きは「いる」

ここをしっかり！

主語・述語の見つけ方

最初に述語、つまり「どうする」「 ⑤ 」「何だ」「ある・いる・ない」にあたる言葉を探す。述語はふつう、文の最後にある。

例 池の 水が とても 冷たい。
「どんなだ」を表す述語

次に、述語となる言葉の内容に合った主語を見つける。何（誰）が「 ⑥ 」のかを探す。

例 池の 水が とても 冷たい。
「何が」を表す主語

主語や述語がない文や語順が逆になっている文もある。

例 気持ちのいい 朝だ。（↓主語がない）
彼《かれ》がそんなことを？（↓述語がない）
↓前後の文章から主語や述語を判断する。
おそいよ、君は。（↓語順が ⑦ である）
↓述語を強調するため、述語が先になっている。

学習日 月 日

問題を解いてみよう!

解答・解説▼別冊17ページ

1 次の(1)〜(4)は——の主語に対する述語を、(5)〜(8)は——の述語に対する主語を、文中から書き抜《ぬ》きなさい。

(1) 時間が 私には 少しも ない。 [　　]

(2) 弟は いつも 勉強に 熱心だ。 [　　]

(3) 君の 友達も 何人か 来るよ。 [　　]

(4) 委員長に 選ばれた 人は 君だ。 [　　]

(5) 学校は もう 明日から 休みだ。 [　　]

(6) 私の 父が 小声で たずねた。 [　　]

(7) 彼《かれ》の 写真も 家に あります。 [　　]

(8) これこそ 母の 一番の 宝物だ。 [　　]

2 次の(1)〜(6)の文の主語と述語を、それぞれ選んで記号で書きなさい。

(1) ア はまべに イ 海鳥が ウ たくさん エ いた。
主語[　　]・述語[　　]

(2) ア 弟も イ 姉と ウ 同じ エ 部員です。
主語[　　]・述語[　　]

(3) ア 東の イ 空が ウ いつもより エ 暗い。
主語[　　]・述語[　　]

(4) ア 明日の イ 集まりには ウ 私が エ 行きます。
主語[　　]・述語[　　]

(5) ア とても イ 高いね、ウ 今日の エ 気温は。
主語[　　]・述語[　　]

(6) ア 気持ちよく イ ひびくよ、ウ 君の エ 歌声は。
主語[　　]・述語[　　]

3 次の(1)〜(6)の文の主語と述語を、それぞれ書き抜きなさい。ただし、ない場合は、×を書きなさい。

(1) 彼の 絵は もう あの 美術館には ない。
主語［　　］・述語［　　］

(2) それこそ 弟の 大きく すばらしい 夢なのだ。
主語［　　］・述語［　　］

(3) 宿題を 月曜日までに 完全に 終わらせよう。
主語［　　］・述語［　　］

(4) 明日、妹と 初めての スキーに 行くよ。
主語［　　］・述語［　　］

(5) 実に 意外です、今朝の ニュースは。
主語［　　］・述語［　　］

(6) はい、すぐに そこに 向かいます。
主語［　　］・述語［　　］

---

4 次の(1)〜(6)の文の型を、あとから選んで記号で書きなさい。(同じ記号を何度選んでもかまいません。)

(1) こちらが 私の 兄です。［　　］

(2) ちょうは 花の みつを 吸う。［　　］

(3) この 小説も とても おもしろい。［　　］

(4) 昨日 ゆかいな 出来事が あった。［　　］

(5) ぜひとも あなたに 協力を しよう。［　　］

(6) すばらしいよ、さっき 聞いた 話は。［　　］

ア 誰《だれ》(何)が－どうする
イ 誰(何)が－どんなだ
ウ 誰(何)が－何だ
エ 誰(何)が－ある／いる／ない

26 修飾語《しゅうしょく》

学習日 月 日

重要！

要点まとめ

解答▼別冊18ページ

修飾語とは

文中で、あとにくる言葉にかかり、文の意味を詳《くわ》しく説明する言葉。

例 茶色い ねこが 鳴いた。

↓「茶色い」が修飾語、「ねこが」が主語、「鳴いた」が述語。

「どのような」「①＿＿」かを詳しく説明する。

例 朝、ねこが 鳴いた。

↓「朝」が ②＿＿、「ねこが」が主語、「鳴いた」が述語。

「いつ」「鳴いた」のかを詳しく説明する。

修飾語の種類

修飾語は、主に次のような意味を表して、ほかの言葉の意味を詳しく説明する。

● **「どのような」**

例 赤い リボンを買う。（↓どのような「リボン」か。）

● **「何を」**

例 母が スイカを 買う。（↓何を「買う」のか。）

● **「いつ」**

例 一年後に 学校で集まる。（↓いつ「集まる」のか。）

● **「どのように」**

例 雨が 激しく 降る。（↓どのように「降る」のか。）

● **「どのくらい」**

例 昨日より 少し 寒い。（↓どのくらい「寒い」のか。）

そのほか、**「どこで」「誰《だれ》に」「誰の」**などにあたる言葉も修飾語である。

修飾語のとらえ方

●主語と述語を見つける

例 ぼくの かわいい ペットは 小型の 犬です。
（主語：ペットは　述語：犬です。）

●残りの言葉がどの言葉にかかっているのかを判断する

主語と述語以外の、「ぼくの」「③　　」「小型の」について、ほかのどの言葉を詳しく説明しているかを確認《かくにん》する。**ほかの言葉にかかっている言葉**が修飾語である。

ぼくの　かわいい　ペットは　小型の　犬です。
（誰の）　（どのような）　（どのような）
修飾語　修飾語　修飾語

修飾される言葉の見分け方

●修飾される言葉はふつう修飾語よりあとにある。

修飾語の直後に置いたときに、意味が変わらず自然につながる言葉が、修飾される言葉である。

●自然につながる言葉＝修飾される言葉を探す。

例 ぼくの かわいい ペット。

↓ ×ぼくの かわいい

○ぼくの ペット　「ぼくの」に、修飾される言葉

例 昨日、学校で 友達と サッカーを した。

↓述語は「した」。修飾語は、「④　　」、「学校で」、「⑤　　」、「サッカーを」。

↓これらの修飾語は「⑥　　」を修飾する。

中学では どうなる？

被《ひ》修飾語

修飾語に詳しく説明される言葉を「被修飾語」という。一つの被修飾語に対して、修飾語が複数ある場合もある。

例 弟が くすくすと 楽しそうに 笑う。
修飾語　修飾語　被修飾語

↓被修飾語「笑う」に対して、「くすくすと」「楽しそうに」という二つの修飾語がある。

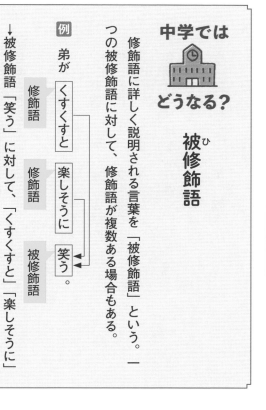

問題を解いてみよう！

解答・解説▼別冊18ページ

1 次の⑴～⑺の――の言葉は、どのような内容を表す修《しゅう》飾《しょく》語ですか。最も適切なものを、あとから選んで記号で書きなさい。

⑴ 庭に小さな花がさいた。〔　〕
⑵ 弟が妹に手紙を書いた。〔　〕
⑶ 先生が東京でけっこん式をした。〔　〕
⑷ 夜、雪がしんしんと降る。〔　〕
⑸ 友達とは来月に会う。〔　〕
⑹ それは姉のノートです。〔　〕
⑺ 私は父に大声で話した。〔　〕

ア いつ　**イ** どこで　**ウ** 誰《だれ》に
エ 何を　**オ** 誰の　**カ** どのように
キ どのような

2 次の⑴～⑷の――の修飾語は、どの言葉にかかっていますか。最も適切なものを、それぞれあとから選んで記号で書きなさい。

⑴ 昨夜、とつぜん友達が家に来た。〔　〕
ア 昨夜　**イ** 友達が
ウ 家に　**エ** 来た

⑵ 今朝は、弟はかなり遅《おそ》くに起きた。〔　〕
ア 今朝は　**イ** 弟は
ウ 遅くに　**エ** 起きた

⑶ 学校には大きな桜の木がある。〔　〕
ア 学校には　**イ** 桜の
ウ 木が　**エ** ある

⑷ これでこの部屋もすっきりかたづいたね。〔　〕
ア これで　**イ** この
ウ 部屋も　**エ** かたづいたね

3

次の(1)～(4)の文の――を詳《くわ》しく説明する場合、□にあてはまる言葉として最も適切なものを、それぞれあとから選んで記号で書きなさい。

(1) ぼくのやさしい父親は□先生だ。

ア 本を　イ 小学校の　ウ 母と　［　　］

(2) □八〇ページを開いて、音読する。

ア 東京の　イ 教科書の　ウ 祖母の　［　　］

(3) 今日は暑いので、花に□水をやる。

ア たっぷり　イ 私を　ウ 少しも　［　　］

(4) 鳥の群れが、西の空を□飛ぶ。

ア 一羽で　イ 昨日　ウ 仲良く　［　　］

4

次の(1)～(4)の文から、例にならって修飾語をすべて書き抜《ぬ》きなさい。

例 赤ちゃんに 絵本を 読む。

↓［赤ちゃんに・絵本を］

(1) 私は 父の 妹に 初めて 会った。

↓［　　］

(2) 母の シチューは 特別に おいしい。

↓［　　］

(3) 二ひきの 白い ハムスターは とても 小さい。

↓［　　］

(4) 高校生の 兄は 一年間、あらゆる 国の 環境《かんきょう》問題を 勉強した。

↓［　　］

27 品詞

学習日 月 日

重要！

要点まとめ

解答▼別冊19ページ

品詞とは

単語を、「それだけで一文節になるもの（自立語）・ならないもの（付属語）」「活用する（「う・た・ば」などがつくと、形が変わる）・しない」という文法上の性質から、種類分けしたまとまりのこと。

(1)名詞（代名詞をふくむ） (2)副詞 (3)連体詞 (4)接続詞 (5)感動詞 (6)動詞 (7)形容詞 (8)形容動詞 (9)助詞 (10)助動詞の**十種類**がある。

自立語で活用しない単語

(1) **名詞** 物や事を表し、主語になることができる。体言ともいう。

例 自動車が走る。
（主語になる）

(2) **副詞** 主として用言（動詞・形容詞・形容動詞）を修《しゅう》飾《しょく》する。

例 げらげら笑う声が、やや大きい。
（動詞を修飾）（① 　　詞を修飾）

(3) **連体詞** 常に体言を修飾する。

例 この店にはあらゆるものが売っている。
（体言を修飾）（② 　　を修飾）

(4) **接続詞** 文と文、文節と文節、単語と単語などをつなぐ。接続語になる。

例 明日は雨または雪になるらしい。だから外出はやめよう。
（単語と単語を接続）（③ 　　と文を接続）

(5) **感動詞** 感動・呼びかけ・応答などを表す。独立語になる。

例 ああ、おどろいた。ねえ、いつからいたの。
（感動を表す）（呼びかけを表す）

自立語で活用する単語（用言）

(6) **動詞** 動作や存在を表す。基本形（言い切りの形）はウ段で終わる。

例 本を置く場所がある。
（動作を表す）（④ ＿＿ を表す）

(7) **形容詞** 物事の性質や状態を表す。基本形は「い」で終わる。

例 高いビルがとても多く建っている。
（性質を表す）←（状態を表す）
基本形は「⑤ ＿＿」

(8) **形容動詞** 物事の性質や状態を表す。基本形は「だ」「です」で終わる。

例 あなたは正直でいつもおだやかだ。
（性質を表す）←（状態を表す）
基本形は「⑥ ＿＿」

付属語で活用しない単語

(9) **助詞** 体言や用言について、いろいろな関係を示したり意味をそえたりする。活用しない。

例 私はペンギンの写真集を借りている。
（体言につく）（⑦ ＿＿ につく）（体言につく）（⑧ ＿＿ につく）

付属語で活用する単語

(10) **助動詞** 体言や用言について、いろいろな意味をそえる。活用する。

例 温泉に行きたいと望むのは、私の母でした。
（希望を表す）（断定を表す・「だ」と比べてていねい）

中学ではどうなる？

動詞・形容詞・形容動詞の活用

活用する語（動詞・形容詞・形容動詞）の活用の種類（活用するとき、どのような変化をするか）や活用形（どのような形になるか）を学習する。

学習日 月 日

問題を解いてみよう！

解答・解説▶別冊19ページ

1 次の(1)～(9)の——の品詞名を、あとから選んで記号で書きなさい。（同じ記号を何度使ってもかまいません。）

(1) お茶あるいは紅茶をください。 [　　]

(2) ぼくの兄は、十八歳《さい》です。 [　　]

(3) この道はとてもにぎやかだ。 [　　]

(4) ほう、それは大変だったね。 [　　]

(5) ずいぶん遅《おそ》くなりました。 [　　]

(6) 苦しいときには力になりますよ。 [　　]

(7) 図書館で本を読む。 [　　]

(8) さしたる問題はないだろう。 [　　]

(9) それがわかればいいのだけれど。 [　　]

ア 名詞　**イ** 副詞　**ウ** 連体詞
エ 接続詞　**オ** 感動詞　**カ** 動詞
キ 形容詞　**ク** 形容動詞

2 次の(1)～(5)の説明に合う品詞名を書きなさい。また、その品詞にあてはまる言葉を、あとの——から選んで記号で書きなさい。

(1) 感動や呼びかけ、応答を表す単語。
品詞名 [　　] 記号 [　　]

(2) 活用せず主に用言を修飾《しゅうしょく》する単語。
品詞名 [　　] 記号 [　　]

(3) 基本形が「だ」「です」で終わる単語。
品詞名 [　　] 記号 [　　]

(4) 活用せず常に体言を修飾する単語。
品詞名 [　　] 記号 [　　]

(5) 基本形が「い」で終わる単語。
品詞名 [　　] 記号 [　　]

ア いろんな人がいる。　**イ** 空が赤く色づく。
ウ わあ、うれしいな。　**エ** あの人は、親切だ。
オ ぜひお出でください。

3

次の(1)～(8)の文から、【　　】の品詞にあてはまる言葉を書き抜《ぬ》きなさい。

(1) そこがもっとも静かだった。【名詞】 [　　　]

(2) 今日はとてもいい天気ですね。【形容詞】 [　　　]

(3) きたない部屋もすっかりきれいだ。【形容動詞】 [　　　]

(4) 本当におもしろい話ですね、ええ。【感動詞】 [　　　]

(5) 私には、見たいものがたくさんある。【副詞】 [　　　]

(6) たいしたことではありませんよ。【連体詞】 [　　　]

(7) あらゆる物から学ぶことが大切だ。【動詞】 [　　　]

(8) 頑張《がんば》った。だから成功するはずだ。【接続詞】 [　　　]

4

次の(1)～(8)の――と同じ品詞の言葉を、それぞれあとから選んで記号で書きなさい。

(1) その自転車は、ぼくの兄のものだ。
ア あそこ　**イ** それ　**ウ** どの [　　　]

(2) 父は、けわしい顔をしている。
ア 明るい　**イ** においい　**ウ** 囲い [　　　]

(3) さようなら、また会いましょう。
ア お父さん　**イ** ところで　**ウ** もしもし [　　　]

(4) 朝から晩まで、ずっと働く。
ア おそらく　**イ** のびる　**ウ** しばらく [　　　]

(5) さわやかな風が吹《ふ》く。
ア たくみだ　**イ** はかない　**ウ** にじむ [　　　]

(6) それがすべての始まりだった。
ア 進む　**イ** 気休め　**ウ** すっかり [　　　]

(7) めっきり寒くなりましたね。
ア もしくは　**イ** ふと　**ウ** ひどい [　　　]

(8) すると、声が返ってきた。
ア しかし　**イ** やがて　**ウ** いわゆる [　　　]

28 伝わりやすい文

学習日　月　日

重要！

要点まとめ

解答▶別冊20ページ

文章を書くときには、読む人に伝わりやすい文を書く工夫が大切である。

一文を短くする

例 昨日、自宅の前でなわとびをしていたら、友人が通りかかり、ぼくもやりたいと言ったので、二人でなわとびをしに公園に行くことにしたら、公園に行くとちゅうで別の友人に会い、三人でなわとびをすることができて、とても楽しかった。

↓「誰《だれ》が」「いつ」「どこで」「何をして」「どうなったのか」がわかりにくい。

(1) 内容の切れ目で文を分ける

一文が短いほうが、言いたいことが伝わりやすくなる。文を分けるときは、必要に応じて、**つなぎ言葉**や、**主語**を追加する。

例 昨日、自宅の前でなわとびをしていた。（つなぎ言葉）そこに、友人が通りかかった。（文を分ける）（主語）友人が、ぼくもやりたいと言ったので、二人でなわとびをしに公園に行くことにした。（文を分ける）公園に行くとちゅうで別の友人に会った。結局は、三人でなわとびをすることができて、とても楽しかった。

(2) 同じ内容のくり返しをなくす

「なわとびをしに」行くことは書かなくても伝わる。また、「公園に行く」がくり返されているので、あとのほうを「その」とすると、文が簡潔になる。

例 二人でなわとびをしに公園に行くことにした。公園に行くとちゅうで別の友人に会った。

←

二人で公園に行くことにした。そのとちゅうで別の友人に会った。

言葉のつながりをはっきりさせる

例 私はなきながら飛ぶ白鳥を見つめた。

「なきながら」→「飛ぶ」？

「なきながら」→「見つめた」？

「なきながら」という修飾《しゅうしょく》語が、「飛ぶ」にかかるのか、「見つめた」にかかるのかが、はっきりしない。

(1) 読点を打つ

例 私は、なきながら飛ぶ白鳥を見つめた。（ないているのは「①　」）

私はなきながら、飛ぶ白鳥を見つめた。（ないているのは「②　」）

(2) 漢字で書く

例 私は ③　 ながら飛ぶ白鳥を見つめた。（ないているのは「白鳥」）

私は ④　 ながら飛ぶ白鳥を見つめた。（ないているのは「私」）

(3) 語順を変える

例 なきながら ⑤　 白鳥を、私は見つめた。（ないているのは「白鳥」）

飛ぶ白鳥を、私はなきながら ⑥　 。（ないているのは「私」）

ここをしっかり！ 同訓異字・同音異義語の使い分け

同訓異字や同音異義語は、ひらがなで表記すると同じになるので、読む人に正しく伝わらないことがある。読む人に正しく伝えるには、漢字で書いたり、前後に言葉を足したりするとよい。

例 **め**がきらきらと輝《かがや》いている。

「目」↓体の一部である「め」とわかる。

「芽」↓植物の生長する部分である「め」とわかる。

←

君の目がきらきらと輝いている。

アサガオの芽がきらきらと輝いている。

学習日　月　日

問題を解いてみよう！

解答・解説▼別冊20ページ

1 次の(1)〜(3)の文は、二通りの意味に受け取れます。（　）内の指示に従って、それぞれの意味がわかる文に書き直しなさい。

(1) 迎《むか》えの人がくるまで待つ。（漢字で書く）

［　　　　］

［　　　　］

(2) ねこは必死で逃《に》げるねずみを追いかけた。（読点を打つ）

［　　　　］

［　　　　］

(3) 大きい家のドアを開ける。（一つは読点を打ち、もう一つは読点を打って語順を変える）

［　　　　］

［　　　　］

2 次の(1)〜(4)の文は、意味がはっきりしません。例にならって、はっきりしない点はどこかを説明しなさい。

例 ピンクの水玉模様の服。

［ピンクが服の色なのか、水玉模様の色なのかという点。］

(1) 口の中のしたの辺りがとても痛い。

［　　　　］

(2) 先生はゆっくりとこちらを向いて話し始めた。

［　　　　］

(3) 私は妹のように絵がうまくない。

［　　　　］

(4) 宿題は全部終わっていない。

［　　　　］

3

次の(1)・(2)の文を、（　　）内の指示に従って、意味の伝わりやすい二つの文に、**例**にならって書き直しなさい。

例 祖母は毎年梅干しを作り、私の大好物である。
（主語を追加する）
［祖母は毎年梅干しを作る。］
［祖母の梅干しは私の大好物である。］

(1) 急に雨が降りだしたが、かさを持っていなかったので走って帰った。
（「つまり」などの、つなぎ言葉を追加する）
［　　　　］
［　　　　］

(2) 私が連れてきた弟は、本を読んでいる。
（主語を追加し、語順を変える）
［　　　　］
［　　　　］

4

次の(1)〜(3)の文を、同じ言葉のくり返しに注意しながら、(1)・(2)は意味の伝わりやすい一文に、(3)は二文に、**例**にならって書き直しなさい。

例 動物園へ友人と行ったが、動物園は休園日だった。
→（友人と動物園へ行ったが、休園日だった。）

(1) 明日は正門横で古紙を回収しますが、新聞や雑誌、古本などを回収します。
［　　　　］

(2) 海を守る方法はいろいろあるが、レジ袋《ぶくろ》の有料化も海を守る方法の一つだ。
［　　　　］

(3) そうじについて美化委員に先生から説明がありますので、美化委員は校庭に集まってください。
［　　　　］
［　　　　］

29 ②章 文法

対応する表現

学習日 月 日

重要!

要点まとめ

解答▼別冊21ページ

決まった言葉の対応

言葉には、あとに決まった言い方がくる言葉がある。

「まるで」は、下にたとえの言い方がくる。

例 うちの子犬は、まるでぬいぐるみのようだ。

「決して」は、下に打ち消しの言い方がくる。

例 感謝の気持ちを決して忘れない。

「もし」は、下に仮定する言い方がくる。

例 もし雨ならば、試合は中止です。

「しか」は、下に［①　　］の言い方がくる。

例 今、手元には百円しかない。

「たり」は、下にも「［②　　］」がくる並立《へいりつ》の言い方である。

例 話したり笑ったりしながらすごす。

主語と述語の対応

主語と述語も、正しい対応の関係が存在する。

例 ぼくは、弟に本をよごした。

本をよごしたのがだれかわからない→×

本をよごしたのが「弟」の場合

「ぼくは、弟に本を［③　　］。」

本をよごしたのが「ぼく」の場合

「ぼくは、［④　　］の本をよごした。」

主語が動作を受けた人の場合、述語は受け身の形をとる。受け身は「〜は、〜に〜される」の形。

正しく対応していない文

言葉が正しく対応していないと、文の意味がわかりにくくなるので、注意する必要がある。

例 私の夢は、アナウンサーになりたいです。
「夢は……なりたいです」↓×
私の夢は、アナウンサーになることです。↓○
アナウンサーになることが私の夢です。↓○

↓主語と ⑤ を抜《ぬ》き出したときに、正しくつながるようにする。

例 旅行中、祭りと郷土料理を食べる予定だ。
「祭り」を「食べる」↓×
旅行中、祭りを見たり
郷土料理を食べたりする予定だ。↓○

↓「祭り」に対応する「見る」（ ⑥ を表す言葉）を入れて、どうするのかがわかるようにする。

ここをしっかり！ 対応する表現の意味

対応する表現は、正しく対応させて使うことが大切である。
対応する表現は、使われ方によって、文章に書かれている内容のどのような点を強めたいのかがちがってくるので注意する。

例 約束の日まで、一日しかある。
「しか」＋「ある」↓×
約束の日まで、一日しかない。↓○
約束の日まで、一日もある。↓○
↓「しか」は下に「ない」がつく。

一日を「短い時間」と表現したい場合
…「しか」を使い、時間が「ない」ことを強める。
一日を「長い時間」と表現したい場合
…「も」を使い、時間が「ある」ことを強める。

学習日 月 日

問題を解いてみよう！

解答・解説▼別冊21ページ

1 次の(1)～(6)の□にあてはまる言葉を、あとから選んで記号で書きなさい。

(1) □帰りは夕方になるだろう。 〔　　〕

(2) □そんなことをしたのですか。 〔　　〕

(3) □うそはつかないよ。 〔　　〕

(4) 昨日は□春のように暖かかった。 〔　　〕

(5) 私も□パーティーに参加したい。 〔　　〕

(6) □失敗しても、またやり直す。 〔　　〕

ア なぜ　**イ** 決して　**ウ** おそらく
エ ぜひ　**オ** たとえ　**カ** あたかも

2 次の(1)～(4)の□にあてはまる言葉を、それぞれあとから選んで記号で書きなさい。

(1) もし□、教えてください。 〔　　〕

ア 知らないと　**イ** 知っていても
ウ 知っていると　**エ** 知っていたら

(2) 時間はあと五分しか□。 〔　　〕

ア ようだ　**イ** ない
ウ まい　**エ** ある

(3) まるで□お話です。 〔　　〕

ア 夢ではない　**イ** 夢でも
ウ 夢のような　**エ** 夢だろう

(4) よもやあの人が来ることは□。 〔　　〕

ア あるまい　**イ** あるだろう
ウ あります　**エ** ありましたか

3

次の(1)〜(5)の――を、文に合うように正しく書き直しなさい。

(1) 私は、レジ袋《ぶくろ》の有料化は海を守ることにつながります。
↓［　　　　　　　　］

(2) 今年の目標は、日記をつける。
↓［　　　　　　　　］

(3) ぼくが昼食に食べたいのは、パスタが食べたい。
↓［　　　　　　　　］

(4) あやせばあやすほど赤ちゃんに泣いて弱った。
↓［　　　　　　　　］

(5) この木は卒業生によって植えた。
↓［　　　　　　　　］

4

次の(1)〜(4)の文を、主語・述語が正しく対応するように全文を書き直しなさい。ただし、(4)は条件に従って、［　］内の語から始まる二通りの文に書き直すこと。

(1) 私のしゅみはアニメを見ます。
↓［　　　　　　　　］

(2) ねこの好きなところは気まぐれだからです。
↓［　　　　　　　　］

(3) 今日は強い雨や風が吹《ふ》く悪天候だった。
↓［　　　　　　　　］

(4) 妹は父にほめた。（条件…ほめた人物は父）
↓［妹は　　　　　　　　］
［父は　　　　　　　　］

30 文の組み立て

学習日　月　日

要点まとめ

解答▶別冊22ページ

文の構造上の種類

主語と述語の関係から、文は次の三つに分けられる。

(1) 単文

例 庭の チューリップが、きれいに さいた。

主語は「チューリップが」、述語は「さいた」で、主語と述語の関係が［①　］だけある。

(2) 複文

例 桜の さく 季節が きた。

「季節が」を修飾《しゅうしょく》している

主語と述語の関係が、「桜の さく」、「季節が きた」の二つある。「桜の さく」という主語・述語のまとまりが「季節が」を［②　］している。

例 雨が 降るから、体育祭は 中止だ。

「中止だ」の理由になっている

主語と［③　］の関係が「雨が 降る（から）」、「体育祭は 中止だ」の二つある。「雨が 降るから」という主語・述語のまとまりは、「中止だ」の理由になっていて、「降るから」は接続語の役割をしている。接続詞を補って「雨が降る。だから、」と二つの文に分けられる。

(3) 重文

例 父は 教師で、母は 医者です。

前後のまとまりを入れかえても成立する

主語と述語が「父は 教師で」、「母は 医者です」の二つある。二つのまとまりが並列《へいれつ》の関係となっていて、「母は 医者で」、「父は 教師です」と前後を入れかえても意味がほとんど［④　］である。

倒置《とうち》と省略

倒置…意味を強調したり、会話文で言葉をつけ加えたりするときに、述語（ふつうは文末にくる）の位置を変える

省略…なくても意味が理解できるときに、主語・述語を省く

例 つまり、君だね、ガラスを割ったのは。
（述語：君だね　主語：割ったのは）

「　⑤　」という主語、「君だね」という述語の位置が入れかわる倒置の文である。

例 （主語の省略）
これから 地道に がんばろうと 思います。
（述語：思います）

　⑥　が省略されているが、述語が「思います」であることから、自分の意思を表している文章であるとわかる。したがって、　⑥　は「私（ぼく）」である。

中学ではどうなる？

主語・述語の位置

通常の文では、述語は、主語よりあとで、文の終わりにくる。

例 ぼくは、おそばを食べたい。
（主語：ぼくは　述語：食べたい）

修飾語《しゅうしょく》は、修飾される言葉の前にくる。

例 ぼくは、おそばを 食べたい。
（修飾語　下に続く「食べたい」を修飾）

接続語は、文の初めにくることが多い。

例 しかし、ぼくは、おそばを 食べたい。
（接続語　文の初め）

通常の文の形をおぼえておくと、倒置や省略が使われている文でも主語や述語を探しやすくなる。

また、一文が長いと主語や述語がわかりにくくなるので、注意して読み取ることが大切だ。

31 接続語

重要！

学習日　月　日

要点まとめ

解答▶別冊23ページ

接続語とは

文章中で、**前後の内容をつなぐ**言葉。「つなぎ言葉」ともいわれる。

例 夕食のカレーライスはおいしかった。だから、私はおかわりした。

→カレーライスが［①　　］という内容と、「私」がそのカレーライスを［②　　］という内容を、接続語の「だから」でつないでいる。

例 私は読書が好きだ。でも、今日は友達と公園でサッカーをした。

→私は［③　　］が好きであるという内容と、今日は［④　　］をしたという内容を、接続語の「でも」でつないでいる。

接続語の種類

(1) **順接** 例 だから・すると・したがって
前の内容を**原因や**［⑤　　］としてあとの内容を**順当に導く**。

(2) **逆接** 例 でも・しかし・ところが
前の内容とは［⑥　　］、または**順当ではない**内容を導く。

(3) **並列《へいれつ》・累加《るいか》** 例 そして・また・しかも
前の内容にあとの内容を並べたりつけ加えたりする。

(4) **対比・選択《せんたく》** 例 あるいは・もしくは
前後の内容を比べたり片方を選んだりする。

(5) **説明・補足** 例 つまり・なぜなら・たとえば
前の内容をあとでまとめたり補ったりする。

(6) **転換《てんかん》** 例 さて・ところで
前の内容から、［⑦　　］**を変える**。

接続語のとらえ方

●順接と逆接

「日が暮れた。」とある場合、

・家に帰る……順当に考えられる（→順接でつなぐ）
・家に帰らない……順当ではない（→逆接でつなぐ）

日が暮れた。
→（順接）⑧［　　］、家に帰った。
→（逆接）⑨［　　］、家に帰らなかった。

●あとに来る内容の推測

前の内容と、接続語があれば、あとにどうつながるのかがわかるため、あとの内容が推測できる。

例　地球には多くの虫がいる。たとえば、……（例示）

→「たとえば」は例示の役割をもつので、あとには「虫」の種類が ⑩［　　］ として挙げられる。

中学ではどうなる？

文頭以外で使われる「つなぎ」の言葉

接続語（つなぎ言葉）は、主に文の初めに来て、前の文とのつながりを示す。しかし、文の途中《とちゅう》でつなぎの働きをする言葉で言いかえることもできる。その場合、文を二つに分けて確かめられる。

例　兄がほめてくれたから、うれしくなった。（順接）
＝兄がほめてくれた。だから、うれしくなった。

例　兄はほめてくれたが、苦言も忘れなかった。（逆接）
＝兄はほめてくれた。だが、苦言も忘れなかった。

例　兄はほめてくれた一方、姉はほめてくれなかった。（対比）
＝兄はほめてくれた。一方、姉はほめてくれなかった。

この「から」や「が」は、「接続助詞」という。

学習日 月 日

問題を解いてみよう！

解答・解説▼別冊23ページ

1 次の(1)～(3)の□にあてはまる言葉として最も適切なものを、それぞれあとから選んで記号で書きなさい。

(1) 学校の宿題は終わった。□、塾《じゅく》の宿題はまだ終わっていない。　［　　］

ア すると　**イ** しかし
ウ たとえば　**エ** なぜなら

(2) かぜを引いた。□、昨日、雪が降る中で長時間遊んだからだ。　［　　］

ア なぜなら　**イ** たとえば
ウ しかも　**エ** ところで

(3) 十人のうち、五人が正解した。□、この問題の正答率は五割だ。　［　　］

ア だが　**イ** さらに
ウ さて　**エ** つまり

2 次の(1)・(2)の□にあてはまる内容として最も適切なものを、それぞれあとから選んで記号で書きなさい。

(1) 友達が、おすすめの本を教えてくれた。だから、□。　［　　］

ア その友達は、近所に住んでいる
イ 時間がなくてその本を読めなかった
ウ 図書館でその本を借りて読んだ
エ 主人公がかっこいいからだそうだ

(2) 今夜見たいテレビ番組は、お笑い番組ですか。それとも、□。　［　　］

ア どの芸人が好きですか
イ おもしろそうですか
ウ 何時から見ますか
エ 音楽番組ですか

3 次の文章を読んで、あとの問いに答えなさい。

時計の針はどちらの方向へ回るでしょうか。もちろん右に回ります。右回りを「時計回り」、左回りを「反時計回り」などと言う言葉さえあるくらいです。[A]、スイスでつくられた時計も、日本でつくられた時計もすべて右に回るので、海外で製造された時計をその日から日本で使用できますし、日本製の時計を世界のどこへ持っていっても全く支障なく使えます。

[B]、世界では様式が統一されていないことが多いはずです。むしろ、統一されていることは少ない、と言った方が正しいのかもしれません。道路も右側通行と左側通行、電圧も100ボルトと200ボルトなどに分かれています。[C]、車も右ハンドルと左ハンドルがあり、電気製品も世界共通では使えません。言語も何千にも分かれ、*度量《どりょう》衡《こう》にもさまざまな単位が使われていて戸惑《とまど》います[D]、時計だけは万国《ばんこく》共通です。

（織田一朗《おだいちろう》『時計の科学　人と時間の5000年の歴史』）

＊　度量衡＝計量や計測のこと。

---

(1) [A]～[C]にあてはまる言葉として最も適切なものを、それぞれあとから選んで記号で書きなさい。

A　**ア**　では　**イ**　ただし　**ウ**　しかも　**エ**　ところが　［　　］

B　**ア**　だから　**イ**　つまり　**ウ**　または　**エ**　しかし　［　　］

C　**ア**　したがって　**イ**　それとも　**ウ**　ところで　**エ**　ところが　［　　］

(2) ――線部「ので」の説明として最も適切なものを、あとから選んで記号で書きなさい。

ア　理由を示す　**イ**　同様のものを並べる　**ウ**　具体例を示す　**エ**　話題を転換《てんかん》する　［　　］

(3) [D]にあてはまる言葉として最も適切なものを、あとから選んで記号で書きなさい。

ア　ので　**イ**　が　**ウ**　と　**エ**　し　［　　］

32 指示語

学習日　月　日

重要！

要点まとめ

解答▶別冊24ページ

指示語とは

文章中で、ものごとを指し示す言葉。

例 今夜、おもしろいドラマがテレビで放映される。だから、私はそれを録画しようと思っている。

指示語を使わないと次のようになる。

例 今夜、おもしろいドラマがテレビで放映される。だから、私は（今夜、テレビで放映される）おもしろいドラマを録画しようと思っている。

↓二文目の「①＿＿」という内容は、一文目ですでに述べられているので、くり返さなくても読み取ることができる。また、くり返すとかえって読みにくい文章になる。

↓②＿＿語を使うと、簡潔な文章となる。

指示語の種類

「これ」「それ」「あれ」「どれ」の頭文字を並べて、「③＿＿言葉」ともいわれる。

(1) 話し手、書き手との距離《きょり》による分類

自分に近い

例 これ・この・ここ・こう　など　「こ」がつく

④＿＿に近い

例 それ・その・そこ・そう　など　「そ」がつく

自分と相手の両方から遠い

例 あれ・あの・あそこ・ああ　など　「あ」がつく

はっきりしない

距離にかかわらず複数ある

例 どれ・どの・どこ・どう　など　「ど」がつく

(2) 指し示す内容による分類

人物 例 わたし・あなた・かれ・だれ　など
事物 例 これ・それ・あれ・どれ・なに　など
場所 例 ここ・そこ・あそこ・どこ　など
方向 例 こちら・そちら・あちら・どちら　など
様態 例 こんな・そんな・あんな・どんな　など

こそあど言葉以外の指示語

前者・後者・両者、一つ目、二つ目、……、なども、指示語となる。

例 教室から音楽室へ行くには、近道と遠回りの二つの行き方がある。
前者は、距離は短いが屋根のない道を通り、雨の日は不便だ。
後者は、距離は長いが屋内を通るので、雨風を気にせず歩ける。

→初めに述べた二つの内容のうち、「前者」は前の内容、「後者」はあとの内容を指す。ここでは、「前者」は「近道」、後者は「⑤　　」である。人物を指すとはかぎらないので注意。

指示語が指し示す内容の位置

指示語が指し示す内容は、**原則として指示語より前**にある。しかし、**例外的に指示語より** ⑥　　 にある場合もある。

例 一週間のサマーキャンプに参加し、ぼくは、このようなことを強く感じました。仲間を信頼《しんらい》し、協力しながら行うことが大切だということを。

→「このようなこと」とは、あとの「仲間を信頼し、協力しながら ⑦　　 ということ」を指し示す。

→指示語が指し示す内容に見当がついたら、その内容を指示語と置きかえて読み、文章の意味が通るかを確かめてみること。

学習日 月 日

問題を解いてみよう！

解答・解説▼別冊24ページ

1 次の文章中の――(1)・(2)の指し示す内容として最も適切なものを、それぞれあとから選んで記号で書きなさい。

人生に、過《あやま》ちはつきものである。もし、過ちのない人生というものがあるとしたら、それこそが過ちだと思い知るべきであろう。なぜなら、(1)それは、「挑戦《ちょうせん》しなかった」ということと同義だからである。大事なのは、(2)それを糧《かて》として、同じ過ちをくり返さないことであろう。

(1)
ア 人生に過ちはつきものだということ
イ 過ちのない人生というもの
ウ 過ちだと思い知ること
［　］

(2)
ア 人生での過ち
イ 過ちだと思い知った人生
ウ 人生で大事なこと
［　］

2 次の文章中の――(1)・(2)の指し示す内容として最も適切なものを、それぞれあとから選んで記号で書きなさい。

現在の日本には、一度の過ちさえ許さない空気が満ちている。そのためでもあろうが、若者が、(1)その特権とでも言うべき、「挑戦すること」を自ら放棄《ほうき》しているように思われる。一方、社会には(2)次のようなことが望まれるのではないか、と私は思っている。若さゆえの過ちへの寛容《かんよう》さが必要であると。

(1)
ア 現在の日本の特権
イ 過ちを許さない空気の特権
ウ 若者の特権
［　］

(2)
ア 「挑戦すること」を自ら放棄しないこと
イ 若さゆえの過ちに寛容であること
ウ 現在の日本に満ちている、一度の過ちさえ許さない空気をなくすこと
［　］

3 次の文章を読んで、あとの問いに答えなさい。

かつて山奥《やまおく》の村で(1)こんな話を聞いたことがある。明治時代に入ると日本は欧米《おうべい》の近代技術を導入するために、多くの外国人技師を招いた。(2)そのなかには土木系の技師として山間地に滞在《たいざい》する者もいた。この山奥の村にも外国人がしばらく暮らした。「ところが」、という伝承がこの村には残っている。「当時の村人は、キツネやタヌキや*ムジナにだまされながら暮らしていた。(3)それが村のありふれた日常だった。それなのに外国人たちは、けっして動物にだまされることはなかった」

いまなら動物にだまされた方が不思議に思われるかもしれないが、当時の(4)この村の人たちにとっては、だまされない方が不思議だったのである。だから「外国人はだまされなかった」という「事件」が不思議な話としてその後も語りつがれた。

（内山《うちやま》 節《たかし》『日本人はなぜキツネにだまされなくなったのか』）

＊ ムジナ＝アナグマのこと。

---

(1) ——(1)「こんな話」が指し示す内容は、あとの「明治時代に入ると……」からどこまでか。文章中から**終わりの五字**を書き抜《ぬ》きなさい。ただし、句読点や記号なども字数に数えます。

［　　　　　］

(2) ——(2)「そのなか」とは、何のなかか。解答欄《かいとうらん》に合うように文章中から書き抜きなさい。

［日本が招いた　　　　　のなか］

(3) ——(3)「それ」が指し示す内容を、文章中の言葉を用いて簡潔に書きなさい。

［　　　　　］

(4) ——(4)「この村」が指し示している言葉を、文章中から書き抜きなさい。

［　　　　　］

3章 読解

33 理由・原因と結果

学習日 月 日

要点まとめ

解答▼別冊24ページ

理由・原因と結果

文章を書くとき、理由や原因も書かれていると、結果がわかりやすく、説得力のある文章になる。

理由・原因と結果の表現方法

(1) 理由・原因 → 結果

例 学校の創立記念日だから、明日は休みだ。（理由・原因／結果）

交通事故があったので、この先は通行止めです。（理由・原因／結果）

食糧《しょくりょう》は大切である。ゆえに、食べ残さない。（理由・原因／結果）

原因や理由を先に示し、「から・ので・ゆえに」などの言葉でつながる。 ① に結果を示す。

(2) 結果 → 理由・原因

例 帽子《ぼうし》をかぶったほうがいいよ、今日は暑いから。（結果／理由・原因）

遅刻《ちこく》した。なぜなら、時計が壊《こわ》れていたからだ。（結果／理由・原因）

その店を知りません。今日引っ越《こ》してきたので。（結果／理由・原因）

結果を先に示し、あとに ② を示す。あとの部分に「(なぜなら)～から・ので」などの言葉がつく。

説明文では、理由や結果を問う問題が多いので、どちらの表現方法にも慣れておく必要がある。

理由・原因と結果の読み取り

文章に書かれている理由・原因と結果に注目すると、内容の筋道を立てて理解する手がかりになる。

例 父は、祝日の今日、朝のニュースで、午後から大雨が降ると聞いて、勤務先の市役所に行った。

祝日なのになぜ行ったのか?

大雨が降ると聞いたのになぜ行ったのか?

→「③ 」に「大雨が降ると聞い」たことが、「勤務先の市役所」に行く結果に結びつかない。

このように文章の結果がつながらないと、文章が理解しづらくなる。

そこで、理由や原因となる情報を加える。

例 父は、市役所の防災課の責任者である。だから、（父は、）祝日の今日、朝のニュースで、午後から大雨が降ると聞いて、勤務先の市役所に行った。

理由となる情報

理由を表す言葉

例 父は、祝日の今日、朝のニュースで、午後から大雨が降ると聞いて、勤務先の市役所に行った。なぜなら、（父は、）市役所の防災課の責任者だからである。

理由を表す言葉

理由となる情報

理由を表す言葉

↓「父は、市役所の防災課の ④ である」という理由が書かれていると、「勤務先の市役所に行った」という ⑤ とのつながりが自然である。

↓文章の意味が理解できる。

3章 読解

34 具体例

学習日　月　日

要点まとめ

解答▼別冊25ページ

具体例とは

文章中で、筆者の意見や主張にあてはまる物事として挙げられる、わかりやすい物事＝具体例。

例 私はアジやサバなどの青魚が好きです。

あてはまる具体例

→「青魚が好きです」という主張にあてはまる、わかりやすい具体例として「アジやサバ」を挙げている。

具体例が挙げられている箇所《かしょ》

具体例は、単語で挙げられる場合もあれば、文全体や段落の一部として文章で挙げられる場合もある。

(1) 単語

例 ブラジル、ジャマイカ、コロンビア、メキシコ、インドネシア、エチオピア、イエメンなど、コーヒー豆にも、いろいろな産地のものがある。

→「コーヒー豆にも、いろいろな産地のものがある」という意見について、①［　　］とはどのような場所を指すのかの説明として、「ブラジル、……、イエメンなど」が②［　　］に挙げられている。

(2) 文全体

例 動物の分類は難しい。たとえば、空を飛べないペンギンやダチョウも鳥類に、海の中に生息するクジラやイルカも哺《ほ》乳《にゅう》類に分類される。

→「動物の分類は難しい」という主張について、どのような分類があるのかを説明するために「たとえば」のあとに「③［　　］も鳥類に」「クジラや④［　　］も哺乳類に分類される」という具体例が挙げられている。

(3) 段落の一部

例 かつて、多くのデパートには家族向けの大食堂があり、いろいろなものが食べられた。
そこでは、うどん・そば、すしや天ぷらといった和食から、チャーハンやラーメンといった中華《ちゅうか》、カレー、ハンバーグ、ステーキといった洋食まで多彩《たさい》なメニューが提供され、子どもから大人、お年寄りまで、誰《だれ》もが楽しめる場所だった。

↓「いろいろなものが食べられた」の「いろいろなもの」の具体例として、「 ⑤ 」「中華」「洋食」といった大まかな分類が挙げられている。

↓さらに、分類ごとの具体例として「うどん・そば、すしや天ぷら」（＝和食）、「チャーハンやラーメン」（＝中華）、「 ⑥ 、ハンバーグ、ステーキ」（＝洋食）が挙げられている。

このように、大まかな具体例を挙げてから、さらに細かい具体例に分けて説明する場合もある。

例 私は先日、自転車に関係する事故について考える機会がありました。
高校生の乗った自転車が歩道でお年寄りにぶつかり、お年寄りが転んでけがをするという事故が、近所で起こったのです。
自転車も、自動車と同様、凶器《きょうき》になることがあるのだと実感しました。
自転車に乗るときにはヘルメットを着用する、スピードを出し過ぎない、歩行者に注意するという原則をしっかりと守り、事故を起こさないように気をつけようとあらためて思いました。

↓「自転車に関係する事故について考える機会」という話題のあとに「高校生の乗った……近所で起こった」という具体例が続いている。

↓「……という原則」とあるので、この前の部分で書かれている「自転車に……注意する」が「原則」の具体例である。

具体例は、何を説明・補強しているかをとらえることが必要になる。

35 事実と意見

学習日　月　日

要点まとめ

解答▼別冊25ページ

事実と意見

説明文を読むときには、事実を述べている部分と、意見を述べている部分を区別して読むことが大切である。

実際にある、誰《だれ》がみても変わらないこと…事実

個人の考え…意見

↓文末の表現に注目する

事実「です」「だ」「である」など

意見「と思う」「と考える」「ではないか」など

例 十代は心身ともに成長する時期だ。毎日の食事で、バランスよく栄養をとることが必要である。そこで、どの学校でも給食が食べられるような制度にすればよいのではないかと私は考えている。

↓第一文と第二文が ① 、第三文が意見。

事実…十代は ② で、 ③ を毎日の食事からバランスよくとる必要がある。

意見…どの学校でも給食を ④ ことのできるような制度が必要だ。

例 アレルギーなど、さまざまな理由で給食のメニューを食べられない人もいる。ゆえに、学校の給食が必要だとは思わない。大切なことは、健康に気をつけて食事をすることではないだろうか。

↓第一文が事実、第二文と第三文が ⑤ 。

事実…給食のメニューを ⑥ 人もいる。

意見…給食がなくても、 ⑦ に気をつけて食事をすることが ⑧ だ。

事実を述べることで、「誰がみてもそうである」という客観性が生まれ、意見に説得力が生まれる。

さまざまな文末の表現

日本語は、「である（ない）」「思っている（いない）」など、**文末の表現で肯定《こうてい》・否定がわかる**ことが多いので、文末まできちんと読むことが大切だ。

例 最近、電車内でのマナーの悪さが目につきますが、みなさんは**どう思われますか**。

呼びかけ

↓呼びかけることで、電車内の ⑨ というテーマについて考えることをうながしている。

例 私たちにとって環境《かんきょう》問題は関係があるのでしょうか。**もちろん、その通りです**。

応答

↓応答することで、⑩ は私たちに関係があることだと読み手に強調している。

例 争いのない、平和な社会を実現**したい**。私たち一人一人がそのために行動できる世の中に**していこう**。

意志

勧誘《かんゆう》

↓意志を表す言葉で意見を強調している。また、勧誘を表す言葉で、私たち一人一人が平和な社会の実現のために ⑪ にするべきだという意見を読み手に訴《うった》えかけている。

例 人の言葉を無視するのは**いけない**。まずは聞き、それから自分の考えを説明**しなさい**。

禁止

命令

↓禁止を表す言葉で人の言葉を ⑫ ことに対する否定の意見を強調している。また、命令を表す言葉で、意見を読み手に訴えかけている。

③章 読解

36 段落

重要！

学習日　月　日

要点まとめ

解答▼別冊25ページ

段落とは

文章中の意味のまとまり。

段落には、形式段落と意味段落がある。

(1)　形式段落

文章の最初が一マス下がっているところから始まる、形式的にひとまとまりになっている段落のこと。

(2)　意味段落

いくつかの形式段落をまとめた、同じような内容でひとまとまりになっている段落のこと。

一つの形式段落には一つの話題があるので、形式段落ごとに要点をまとめると文章の意味がとらえやすくなる。

意味段落に分けると、さらに文章全体の意味がとらえやすくなる。

例

Ⓐ

1 私の家では、二匹《ひき》の犬を飼っています。最初にうちに来たのは、近所で生まれた秋田犬です。

2 次にうちに来たのは、チワワです。知り合いの家で生まれた子犬をゆずってもらいました。

Ⓑ

3 飼ってみたい動物はフクロウですが、エサを用意するのが大変と聞き、実際には飼えていません。

4 他に、かわいいのでインコにも興味があります。

形式段落は四つ

1　最初にうちに来た犬（秋田犬）の話

2　次にうちに来た犬（①　　　）の話

3　②　　　動物（フクロウ）の話

4　他に興味がある動物（インコ）の話

意味段落は二つ

Ⓐ↓家で飼っている犬の話

Ⓑ↓飼ってみたい動物の話

列挙の言葉

● いくつかのことがらを順序をつけて並べること＝列挙
・初めに（最初に）、続いて（次いで）、最後に
・まず、次に、さらに（そして）
・第一に（一つ目は）、第二に（二つ目は）、第三に（三つ目は）……

いくつかのことがらを並べているので、一つの意味段落になる。

例 朝起きると、まずトイレに行く。
次に服を着替《きが》えてから、朝ご飯を食べる。
そして歯みがきをして、学校に向かう。

↓すべて朝起きてから学校に向かうまでにすることなので、一つの ③ になる。

列挙の言葉などに注目し、形式段落どうしがどのような関係にあるのかをとらえることが大切である。

意味段落の主な構成

(1) **はじめ** 話題の提示（結論を示す場合もある）
「……でしょうか」「……だろうか」という形で文章の方向性を示したり、「……について述べます」「……について三つのポイントがある」という形で ④ を提示したりする。

(2) **なか** 具体的で詳《くわ》しい説明
はじめの疑問文に対する答えや、具体例を用いた説明。また、仮説についての論証などをする。

(3) **おわり** 結び
文章の内容をまとめたり、結論づけたりする。筆者の感想や課題をつけ加えることもある。

中学では

どうなる？

序論・本論・結論

はじめは「序論」、なかは「本論」、おわりは「結論」と呼ばれるようになる。
また、起（話題の提示）・承（詳しい ⑤ ）・転（変化）・結（結び）という四段階の構成をとる文章もある。

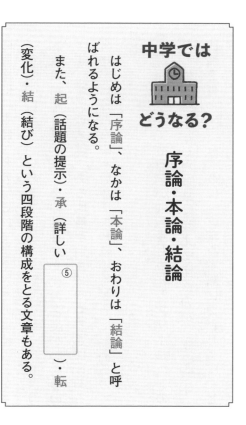

問題を解いてみよう！

解答・解説▶別冊25ページ

1

次の文章を読んで、あとの問いに答えなさい。

①　人間は、自分の背中を見ることができません。他人の背中は見えますが、自分の背中は見えないのです。自分では見えないものを背負って生きているのが、人間です。ところで、本には背中があります。本を立てる。その立っている本の、こっちをむいているところが、本の背中です。書店で、あるいは図書館で、わたしたちが本棚に見ているのは、ほとんどが本の背中です。本は顔を見るのではなくて、背中を見るものなのです。なぜ、いつからそれが背もしくは背中とよばれるようになったか、詳らかではありませんが、それが顔でなく、背中とよばれてきたというところにも、人間が自分の見えないものを見る方法として本というものを必要としているため、一つの比喩としてそういうものが出てきたのではなかっただろうかと思うのです。

②　おもしろいことに、本はしばしば人間の身体の比喩を、今でももっています。消費税がかかるようになった今、本

の価格は〔本体〕と表示されていて、その本体にかかっているのは帯とよばれます。比喩というのは、文化です。比喩の出所を見れば、その社会の文化の温度がわかるのです。逆に言えば、ある比喩が消えてゆくときは、ある文化が自分たちのあいだに失われてゆくときでもあるのです。

③　自分たちの生活のなかにあるもっともありふれたものを、生き生きとした言葉に変えてゆくのが、比喩です。比喩を育んできたように、言葉を不断に更新してゆくというのが、本の文化の育んできたちからです。本のつくってきた文化は、活字によってつくられてきたのではありません。言葉が育んできたのが本の文化であり、言葉というのはそもそもの初めから、人びとの日常のなかに深くひろく根を張って育ちます。

④　本の文化は、日常にないものをつくってきた文化ではないのです。本の文化というものがこれほど長い生命力をもち、本というメディアがこれほど長い間わたしたちのなかに必要なものとされて生きてきたのは、そういうどこにでもあるものを自分が読むことによって、あるいは自分が書くことによって、特別なものにしてゆくという方法としてのメディアだったためです。

⑤　本というのは、ただ本というだけではありません。本

という文化を育んできた人間が、そこにいる。本のあるところ、つねに人間がいる。それは、友人としての本という感覚、感じ方が、じつは本の文化というものをつくってきたのだ、ということです。本というのは、そこに書いてあるものを理解するというだけのものではありません。にもかかわらず今は、人間が背中をなくして前のほうだけをむいて生きているような苦い感じが、つよくなっていないでしょうか。

（長田《おさだ》弘《ひろし》『読書からはじまる』）

(1) この文章を前半と後半に分けると、後半はどこからですか。後半の初めの段落番号を書きなさい。

［　　］

(2) 筆者の考える「比喩」の定義について詳《くわ》しく説明している段落を一つ探し、段落番号を書きなさい。

［　　］

---

(3) 1段落の内容をまとめた次の図と文の□にあてはまる言葉を、文章中から六字で抜《ぬ》き出して書きなさい。

□□□□□□

人間＝自分では□を背負って生きている
↕
本＝背中を見るもの

人間が自分の□を見る方法として本というものを必要としている

(4) 5段落の働きとして最も適切なものを、あとから選んで記号で書きなさい。

［　　］

ア 1段落から4段落をまとめたうえで、本の文化が失われつつあると危惧《きぐ》している。

イ 1段落から4段落とは話題を変えることで、筆者の考えを印象づけようとしている。

ウ 1段落から4段落の内容を受けて、本の文化を軽視する筆者の展望を述べている。

エ 1段落から4段落とは反対の意見を述べることで、筆者の意見を強調している。

37 言動・様子

学習日　月　日

要点まとめ

解答▶別冊25ページ

言動・様子の役割

登場人物の言動や様子…心情が表れていることが多い。
↓言動や様子を読み取ることは、物語のあらすじや内容を正しくとらえることにつながる。

●言動とは
↓登場人物から出た発言

例 「ありがとう」「ごめんね」
どうしよう？　と君は言った。

↓登場人物の動き

例 駅まで走る
あの子が笑っている
両手をふる

言動・様子と心情の関係

登場人物の言動・様子と心情には関係性がある。そのため、登場人物がなぜそのような［①　　］をしたか、そのときどんな［②　　］だったのかなどを、場面とともにとらえることが重要である。

同じ発言でも、理由によって心情が異なる。
「！」「…」などの記号にも注目するとよい。

例

発言	理由（場面）	心情
「ありがとう！」	友達から親切にされた。	素直《すなお》に喜ぶ気持ち。
「…ありがとう」	嫌《きら》いな人から親切にされた。	とまどう気持ち。困っている気持ち。

また、擬《ぎ》態《たい》語も心情を表すことがあるのでおさえる。

例 いそいそと動く　↓　うれしさで心がはずむ気持ち。
しぶしぶ動く　↓　気が進まない気持ち。

同じ行動でも、理由によって様子や気持ちは異なる。

例

行動	理由（場面）	心情
大急ぎで準備する	ねぼうしてしまった。	おくれまいとあせる気持ち。
	会いたい人との急な約束。	早く会いたくてはやる気持ち。

●場面ごとの変化をとらえる

登場人物の言動・様子を場面ごとに整理しながら読むことで、登場人物の心情の［③　　］をとらえる。変化の時点が物語の山場であることも多い。

例 体育館で試合に負けて泣いている。

←場面の変化・様子の変化

帰り道に花を見つけて背筋がのびる。

↓くやしい気持ちが前向きな気持ちになった。

人物以外の動き・様子

登場人物以外の動きや様子が、［④　　］の様子や気持ちを間接的に表現することもある。

●風景で表現

例 空がどんよりくもってきた。

↓登場人物が落ちこんでいる、なやんでいるなど。

例 雨があがって、空に大きな虹《にじ》がかかった。

↓登場人物の暗い気持ちが明るくなったなど。

●擬人法（人以外を人のように表現する技法）で表現

例 森の木々が通せんぼうしてくる。

（人でないもの）（動き）

↓森で迷った様子を表現。

例 勉強したいのに、まぶたが言うことを聞かない。

（人でないもの）（動き）

↓とても眠《ねむ》くて目が［⑤　　］様子を表現。

38 心情

学習日 月 日

重要!

要点まとめ

解答▶別冊25ページ

心情とは

登場人物の心の動き、気持ちのこと。物語文では、心情が読み取りのポイントになる。

● 心情の読み取り方

(1) 心情が直接書かれているところをおさえる。

例 今は日曜日の午後。ぼくはゆううつだ。家の手伝いをしなくちゃいけないからだ。手伝いをしながら、友達と思いっきり遊びたいと強く願った。

うれしい、くやしいなど、気持ちを表す言葉

～と願う、～したいなど、感情を表す文末

↓「ぼく」は ① な気分で過ごしている。

(2) 心情が、言動、様子などを通じて間接的に描《えが》かれているところをおさえる。

例 裕太《ゆうた》は、耳のつけ根まで顔を赤らめた。どこかに隠《かく》れる場所がほしかった。

「――わたしの最強レストラン」

三時間目の国語の時間、裕太は朗読をまちがえた。教科書には「わたしの最後、ラストラン」と書いてあった。

思わずページをめくる手がふるえた。

気持ちが読み取れる表情

気持ちが読み取れる動作

↓「 ② 」という表現から、裕太は朗読をまちがえてはずかしく感じていることが読み取れる。

また、「 ③ 」という表現から、裕太が緊張《きんちょう》していることも読み取れる。

人物の設定をふまえて心情を考える

登場人物の設定（年令・職業・性格・家庭環境《かんきょう》・立場など）をおさえると心情を読み取りやすい。

例 「サッカー部のキャプテン」
↓部員に気を配ったり、チームの勝ち負けに責任を感じたりすることが多い　などと考える。

心情と慣用句

物語文によく使われる慣用句を、心情と結びつけて覚えておく。

例 くちびるをかむ
↓くやしい気持ち。何かをがまんする気持ち。
目頭が熱くなる
↓［④　　］する気持ち。
声がうわずる
↓興奮する気持ち。あわてる気持ち。

心情の変化に注目する

(1) 登場人物の気持ちが、どのような気持ち（変化前）から、どのような気持ち（変化後）へと移り変わっているかに注目して読むようにする。

(2) 変化するきっかけが描かれている場合は、因果関係を確認《かくにん》しながら読む。

例 夏休みに、ぼくは祖父と初めて会った。自分から話すことができずにいると、祖父が笑って言った。

「今から釣《つ》りに行かないか。魚は好き？」

ぼくは目を輝《かがや》かせた。

「うん、好き！　おじいちゃんも？」

気が合うように感じて、ぼくは祖父にかけよった。

きっかけ

↓（変化前）「ぼく」は、自分から［⑤　　］ができないほど緊張していた。

（変化後）祖父から［⑥　　］にさそわれて、祖父と［⑦　　］と感じ、かけよった。

学習日 月 日

問題を解いてみよう！

解答・解説▶別冊25ページ

1 次の文章を読んで、あとの問いに答えなさい。

文化祭の製作担当が決められたとき、風味《ふうみ》は迷わず、看板班に立候補した。仲良しの沙織《さおり》もいっしょだった。

「私も看板がやりたいです」

そこに、優理《ゆり》が希望してきたのだ。あまり親しくはない優理の参加に、①風味は最初緊張《きんちょう》したが、それはすぐに解消した。

やる気を買われて、リーダーを務めることになった風味が、

「今年の文化祭のテーマは、〝飛躍《ひやく》〟です。このテーマに合う絵と言えば、『白夜《びゃくや》の騎士《きし》・ルーク』だと思うんやけど、どうかな」

と切り出したとたん、

「賛成！」

間髪《かんはつ》入れずに、優理が賛成してくれたからだ。

そこで初めて、風味は優理のアニメ好きを知った。しかもいちばん好きなのは、「白夜の騎士・ルーク」だという。

「えーっ、優理ちゃんもルーク教やったんやね」

「うん。ルーク様、神だよね」

声を上げた風味に、優理も嬉《うれ》しそうだった。これで、すんなりテーマも決まり、一気に意気投合。

②風味は大いに張り切っていた。小学校のころからずっと憧《あこが》れていた看板が描《か》けるのだ。しかも、描くのは大好きなルークだ。どんなに素敵《すてき》なルークを描くか、考えただけで、胸がわきたった。

看板班には、ほかに、男子が三人。正野《しょうの》、楢橋《ならはし》、古賀《こが》の計六名グループで担当することになったが、正直言って、女子だけで十分だと思えた。

「絶対かっこよく描こうね」

勢いこむ風味に、

「歴代でいちばんの出来にしよう」

優理も興奮を隠《かく》せない様子だった。

作業初日。見本のポスターを見ながら、まず優理が全体にざっと＊アウトラインを描いた。③さすがに優理はうま

かった。バランスが良いのだ。輪郭《りんかく》の中から、すでにルークが飛び出してきそうだった。

アウトラインは優理、下絵は、風味と優理、色塗《いろぬ》りは全員で。

工程表とそれぞれの担当を書いた紙を壁《かべ》に貼《は》っただけで、④風味は鼻息を荒《あら》くした。すばらしい看板が目の前に迫《せま》ってきたような気がしたからだ。

（まはら三桃《みと》『風味◎《さんじゅうまる》』）

＊アウトライン＝外側の線のこと。

(1) ――線①「風味は最初緊張したが、それはすぐに解消した」とありますが、風味の気持ちが変化した理由を説明した次の文の□にあてはまる内容を、文章中の言葉を使って十五字以内で書きなさい。

・風味の提案に、優理が□から。

(2) ――線②「風味は大いに張り切っていた」とありますが、その理由として適切なものを、あとからすべて選んで記号の順に書きなさい。［　　］

ア 大好きなアニメキャラクターを描けるから。

イ ルークを素敵に描けば文化祭で注目を浴びるから。

ウ ルークをきっかけに優理と仲良しになれるから。

エ ずっと憧れていた、看板を描く夢がかなうから。

(3) ――線③「さすがに優理はうまかった」とありますが、このときの優理に対する風味の気持ちとして最も適切なものを、あとから選んで記号で書きなさい。［　　］

ア 意外　イ 感心　ウ 不快　エ 失望

(4) ――線④「風味は鼻息を荒くした」とありますが、このときの風味と同じ様子を表した言葉を、文章中から九字で抜《ぬ》き出して書きなさい。

39 情景

学習日 月 日

要点まとめ

解答▼別冊26ページ

情景とは

一般的《いっぱんてき》に、読み手の心にある感情を呼び起こす風景。物語文では、**作品の舞台《ぶたい》や季節、景色などのこと。**

例 村はずれを流れる深い川に、古びた釣《つ》り竿《ざお》を片手に一人の少年がやってきました。その日の水はいつになくおだやかで、川底までもが澄《す》んで見えました。

作品の舞台は ① のある村

→登場人物を取り巻く舞台がわかる。

例 この町にも初雪が積もりました。その向こうに見える木々や線路にも、うっすらと積もっています。

季節は冬

→描《えが》かれている ② や景色がわかる。

情景と心情

物語文の各場面に描かれる情景の中には、書き手が登場人物の心情を**それとなく、かつ意図的に表している**ものがある。これを**心情の暗示**という。

例 男は、自分の生きがいに気づいた。空からはきらめく春の陽光が降りそそいでいた。

希望を暗示

→「男」が、将来に ③ ような希望を見つけたことが読み取れる。

例 彼女《かのじょ》は沈《しず》む夕日を背に、重い足取りで歩いていました。

暗い心情を暗示

→「彼女」が、暗く ④ 気分になっていることが読み取れる。

天気の変化、季節の変化などは、心情を表す表現として使われることが多い。

情景と場面

物語文の各場面に描かれる情景の中には、心情を暗示するものの他に、**時間や季節の変化**、**物語の展開**などを暗示するものもある。場面の切り替《か》わりに使われる場合も多い。

例

「これで最後になる。ここに来るの」

「なぜ？」

「明日の午後に東京を出る」

ぼくは君に背を向けた。

さっきまで大きくもりあがっていた一つの入道雲が、二つに引きさかれるように無残にちぎれて流れていった。

↓これまで親しかった二人の関係が、時間が変化するにつれて二つに分かれてしまった入道雲のように［⑤　　　］しまうことを暗示している。

情景の移り変わり

物語文の中の情景の移り変わりが、**登場人物の心情の変化と重なっている**ことがある。

例 リビングの柱時計が動いていないことに気づきました。みつこは、「だいじょうぶかなぁ…」とため息をつきながら見上げていました。

←

「……まだかな…」「おとうさん…」

退院が決まった日から、みつこは父の帰りを指折り数えています。リビングの柱時計は、息を吹《ふ》き返したかのように、心地《ここち》よい音を鳴らしています。

↓前の場面では、みつこが、［⑥　　　］している父親を［⑦　　　］する気持ちを、柱時計が暗示している。あとの場面では、父親が［⑧　　　］することを知ったみつこが、父親の［⑨　　　］を待っている気持ちを、柱時計が暗示している。

40 表現技法

学習日　月　日

要点まとめ

解答▼別冊26ページ

表現技法とは

言葉の並べ方でリズムをつくったり、様子や感動を伝えやすくしたりするなど、表現におけるさまざまな工夫のこと。

言葉の並べ方による表現技法

(1) **体言止め**

特徴《とくちょう》…文末を体言（名詞）で止める。
効果…余韻《よいん》を残したり、体言を強調したりする。

例　冬の夜空にひとときわ輝《かがや》く星

「星」という［①］で文を終わらせている→「星」を強調

(2) **倒置《とうち》**

特徴…通常の文章と、言葉の順序を逆にする。
効果…先にくる情景や心情が強調される。

例　どこへ行くの　そんなにあわてて

通常の順序は「［②］どこへ行くの」
→「どこへ行くの」を強調

(3) **反復**

特徴…同じ言葉をくり返す。
効果…くり返される情景や心情が強調され、リズムが生まれる。

例　青い　青い　空

「青い」をくり返す
→「青い」という言葉を強調

(4) **対句《ついく》**

特徴…形や意味が近かったり対になっていたりする言葉を並べる。

効果…リズムや意味にまとまりが生まれる。

例 スイカは重い　ペダルは軽い

「重い」と「軽い」の対義語を並べる
→スイカの重さとペダルの軽さの対比

(5) **省略**

特徴…文章や言葉を途中《とちゅう》で止めて後ろを省く。

効果…情景や心情を言い切らず、余韻をもたせる。

例 後ろから　声が聞こえる
左からも　右からも

「左からも」「右からも」のあとの「［③　　］」を省略
→余韻をもたせる

比喩《ひゆ》（たとえ）の表現技法

(1) **直喩**

「まるで…」「あたかも…」「…ようだ」「…みたいだ」などの言葉を使ってたとえる方法。

例 宝石のような海

海の輝きをたとえている

(2) **隠喩《いんゆ》（暗喩）**

「まるで…」「あたかも…」「…ようだ」「…みたいだ」などの言葉を使わずにたとえる方法。

例 一面のバラのじゅうたん

バラが一面に広がって咲《さ》く様子を
［④　　］
にたとえている

(3) **擬人法《ぎじんほう》**

人ではないものの様子を人の動きにたとえて表現したもの。

例 空が泣いている

空から雨が降る様子を
人の「［⑤　　］」動作にたとえている

季節の表現

学習日　月　日

要点まとめ

解答▼別冊26ページ

季節の表現とは

短歌や詩歌では、季節が重要なポイントとなることが多い。

特に、俳句には「①＿＿＿」と呼ばれる季節の言葉を入れるという決まりがある。

どの季節を描《えが》いているのかが直接書かれることもあれば、季節がわかる言葉で間接的に表していることもある。

俳句の季語

俳句は旧暦《きゅうれき》を基本としているため、現実の季節とはずれるものもあるので注意が必要である。

(1) **春**（旧暦では1月〜3月）の季語

例 旧正月、梅、たんぽぽ、うぐいす、卒業、カエル

(2) **夏**（旧暦では4月〜6月）の季語

例 こいのぼり、梅雨《つゆ》、プール、トマト、ホタル

(3) **秋**（旧暦では7月〜9月）の季語

例 七夕、天の川、墓参り、月、柿《かき》、虫、バッタ

(4) **冬**（旧暦では10月〜12月）の季語

例 クリスマス、オリオン、霜柱《しもばしら》、大根、うさぎ

季節を表す言葉

(1) **年中行事**

一年間の中では、特定の時期に、さまざまな行事が行われる。そのような年中行事や、行事に使われるものを挙げ、季節を表すことがある。

例 お年玉をしっかりにぎった女の子が走ってくる

↓「お年玉」という言葉から、描かれている季節が②＿＿＿、しかも正月であると読み取れる。

例 少しだけ　あっちを向いてて　ひな人形

→「ひな人形」という言葉から、描かれている時期が　③　（＝三月三日）の少し前であると読み取れる。

(2) **気候の様子**

その季節に見られる代表的な気候の様子から、季節を表すことがある。

例 ギラギラと照りつける太陽

→季節は　④　。太陽が照りつける様子はさまざまな季節で見られるが、「ギラギラ」と強く照る様子を表す言葉をほかの季節に使うことは少ない。

例 しんしんと雪が降る

→　⑤　外れの雪であることがわざわざ書かれていない場合は、季節は冬。ただし、「雪どけ」は気温が上がったことを表すので、季節は春。

(3) **植物（花、農作物など）**

多くの植物は、季節ごとに様子が移りかわるものである。植物、特に花や農作物の名前を挙げ、季節を表すことがある。

例 満開の桜が私を急がせる

→「満開の桜」という言葉から、描かれている季節が　⑥　であると読み取れる。

例 金色の稲穂《いなほ》の波を見つめる

→「金色の稲穂」という言葉から、描かれている季節が秋、　⑦　の収穫《しゅうかく》の時期であると読み取れる。

例 葉の青さが目にしみる

→「葉の青さ」という言葉から、描かれている季節が初夏、新緑の時期であると読み取れる。

42 資料の読解

学習日 月 日

要点まとめ

解答▼別冊26ページ

資料

資料には、「文章」、「写真・イラスト」、「表・グラフ」、「文章と表・グラフ、写真・イラストをあわせたもの」などがある。

文章による資料

文章には、説明的文章（説明文・論説文など）、文学的文章（小説・随筆《ずいひつ》など）、詩・短歌・俳句、古文・漢文のほか、報告書・説明書、放送・発表原稿《げんこう》、新聞記事などがある。

(1) **報告書・説明書**

催《もよお》し物や実験、事故などの内容を伝える文章が報告書、薬や器具などの効能・使い方を詳《くわ》しく説明するのが ① である。

(2) **放送・発表原稿**

発表者が相手に情報を伝える文章である。音声だけでわかるような内容や表現にする必要がある。

(3) **新聞記事**

いつ、どこで、どのようなことがあったのか、その理由・原因などが、具体的に書かれている。また、記事の内容を短く言い表しているのが「見出し」である。

言葉がわかる？ ペンギンが人気

記事の内容を短く言い表したのが ②

東京にある○○動物園のペンギン（五歳《さい》、メス）が人気を博している。二〇二一年の十月から飼育されているこのペンギンは、「人の言葉がわかるペンギン」として話題になり、園には来場者が殺到《さっとう》。来場者数は、この一年間で例年のおよそ三倍に増えた。

写真・イラストによる資料

写真やイラストを見て、表現者が最も伝えたいことは何かをつかむことが必要である。

表・グラフによる資料

まず、何についての資料なのかをおさえる。その中の数字など（単位にも気を配ること）を比較《ひかく》し、異なる点、変化している点などに着目する。

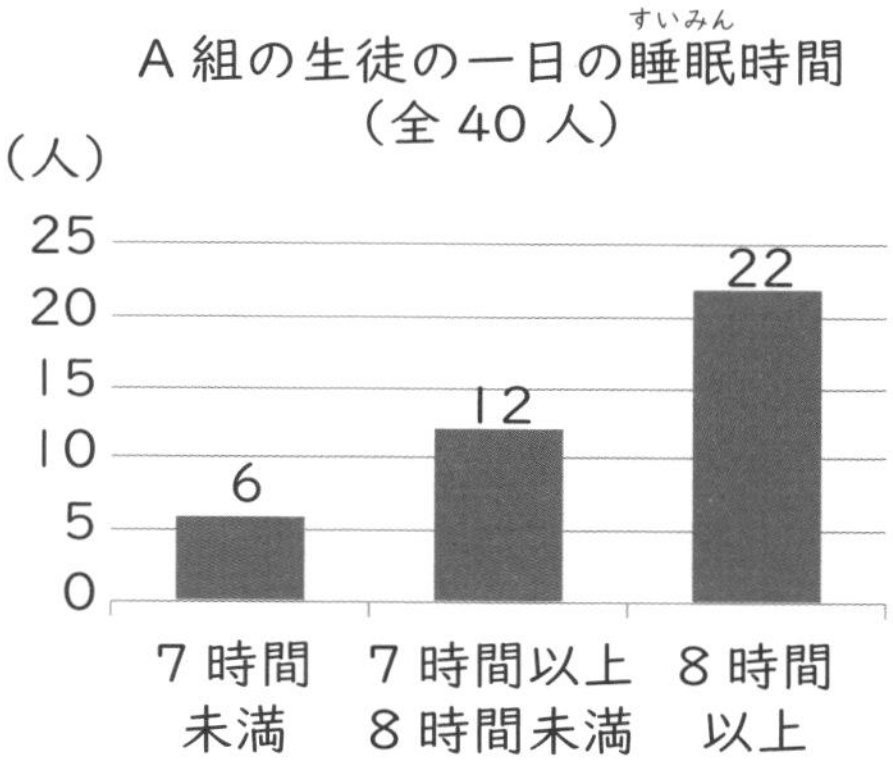

↓A組の生徒の ③ についての調査結果であり、最も人数の多い項目《こうもく》が ④ である。

各グラフの特徴《とくちょう》

棒グラフ…数量を比較しやすい。
円グラフ…全体の割合がわかりやすい。
折れ線グラフ…数量の変化をとらえやすい。

文章と表・グラフをあわせた資料

店のチラシや案内書など、この種の資料は多々あるが、文章と表・グラフのどこが関連しているのかをつかむ必要がある。

スポーツを始めるなら今！
ただ今、入会キャンペーン実施《じっし》中です！
○○スポーツジム

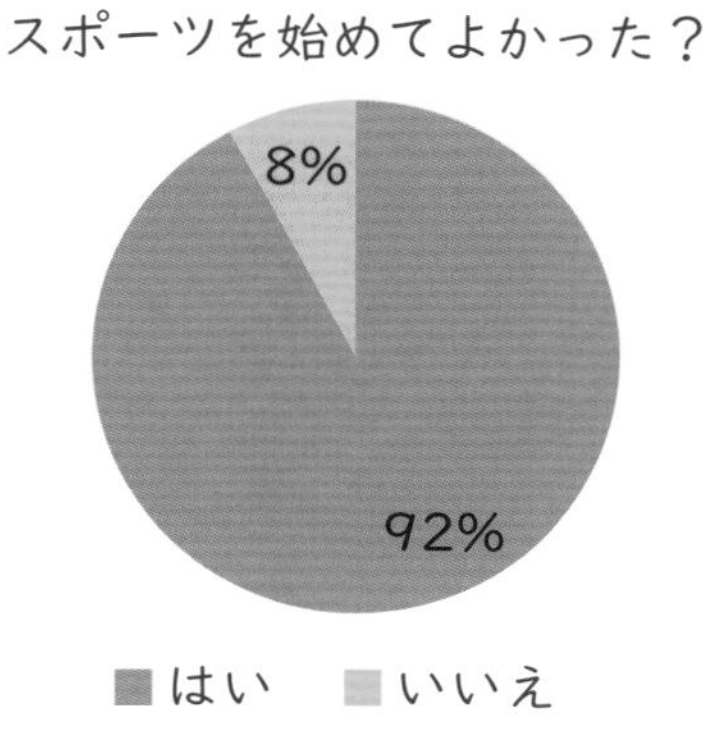

入会キャンペーン！会費割引中

お試《ため》しコース	会費 10%オフ
ご紹介《しょうかい》の方	会費 15%オフ
お試しコース＋ご紹介の方	会費 20%オフ

↓ ⑤ を始めてよかったと思う人の割合をグラフにし、さらに入会キャンペーンの割引率を表にすることで、スポーツジムへ入会することの魅力《みりょく》を訴《うった》えている。

43 古文の読解

学習日　月　日

要点まとめ

解答▼別冊26ページ

古文とは

古文…古い時代に書かれた文章。

現在、私たちが使っている言葉（**現代語**）とは異なり、古い時代の言葉（**古典語**）によって書かれている。

現代語と古典語では、いくつかのちがいがある。


今は昔、竹取《たけとり》のおきなといふ者ありけり。野山にまじりて竹を取りつつ、よろづのことに使ひけり。名をば、さぬきのみやつことなむいひける。

その竹の中に、もと光る竹なむ一筋ありける。あやしがりて、寄りて見るに、つつの中光りたり。それを見れば、三寸ばかりなる人、いとうつくしうてゐたり。

『竹取物語』

古文で用いられている古典語の特色

●歴史的かなづかい
古文で用いられているかなづかいには、そのまま読まずに現代かなづかいに直して読むものがある。

(1)「はひふへほ」→「わいうえお」と読む

例　いふ→いう　使ひ→①
※語頭にある場合はそのまま読む。
例　はやし→はやし

(2)「ゐ」→「い」、「ゑ」→「え」、「を」→「お」と読む

例　ゐたり→いたり　ゑひ→②
をのこ→③

(3)「ぢ」→「じ」、「づ」→「ず」と読む

例　はぢ→④　よろづ→よろず

(4) 「くわ（ぐわ）」→「か（が）」と読む

例 くわい→ ⑤

(5) 「む」→「ん」と読む

例 せむ→ ⑥

(6) 「au」→「ō」、「iu」→「yū」、「eu」→「yō」と読む

例 さう→そう　きう→ ⑦
へう→ひょう

● 現代語では使わない言葉

古典語には、現代語では使わない言葉がある。

例 おきな…（意味）おじいさん
～けり…（意味）～した
いと…（意味）大変、とても
いみじ…（意味）はなはだしい

● 現代語とは意味が異なる言葉

古典語には、現代語と形は同じだが意味の異なる言葉がある。

例 うつくし…（現代語での意味）美しい
（古典語での意味）かわいらしい
あはれ…（現代語での意味）かわいそうだ
（古典語での意味）しみじみと趣《おもむき》深い

● 助詞の省略

古典語では、助詞が省略されることがある。

例 者ありけり…（意味）者「 ⑧ 」いた
もと光る…（意味）根元「が」光る
↓助詞を補いながら文章を読むとよい。

中学ではどうなる？

古文の出題

中学では、古文や漢文を本格的に習う。歴史的かなづかいや、現代語とは意味が異なる言葉など、古文で用いられている言葉の特色をふまえて、基本をしっかりと習得していくこと。

完成テスト

解答・解説▼別冊27ページ

学習日　月　日

得点　／100

1

次の(1)～(5)の熟語の構成として最も適切なものを、あとから選んで記号で書きなさい。〔1つ2点×5〕

(1) 私立〔　　〕　(2) 収支〔　　〕

(3) 読書〔　　〕　(4) 混乱〔　　〕

(5) 前日〔　　〕

ア 似た意味の漢字を組み合わせたもの

イ 対《つい》になる意味の漢字を組み合わせたもの

ウ 上の漢字が下の漢字を修飾《しゅうしょく》するもの

エ 「…に」「…を」の部分が下にくるもの

オ 上の漢字が主語、下の漢字が述語になるもの

2

次の(1)～(5)の言葉と対義語になるように、あとの漢字を組み合わせてそれぞれ二字熟語を書きなさい。（同じ漢字は二度使えません。）〔1つ2点×5〕

(1) 立体〔　　〕　(2) 義務〔　　〕

(3) 形式〔　　〕　(4) 強制〔　　〕

(5) 解散〔　　〕

任	集	面	意	内
利	権	容	平	合

3

次の(1)～(5)のことわざの意味として最も適切なものを、あとから選んで記号で書きなさい。〔1つ2点×5〕

(1) 急がば回れ〔　　〕

(2) かっぱの川流れ〔　　〕

(3) 二階から目薬〔　　〕

(4) 焼け石に水〔　　〕

(5) えびで鯛《たい》を釣《つ》る〔　　〕

ア 少しの元手で大きな利益を得ること。

イ どんな名人でも失敗はあるということ。

ウ 少しの助けであり、役に立たないこと。

エ 時間がかかっても安全な方がよいということ。

オ 効果が期待できず、もどかしいこと。

4 次の(1)〜(5)の各文の□に入る漢字を考えて、——線部の四字熟語を完成させなさい。［1つ2点×5］

(1) 兄はマラソン大会で、空□絶□の記録を打ち立てた。

空□絶□

(2) 栄養があって腹持ちがよい、一石□□のメニューをつくる。

一石□□

(3) 人にたよらず、自分の力で□立□歩の道を進みたい。

□立□歩

(4) 君の意見を聞いて、みんなが異□同□に賛成した。

異□同□

(5) 山本さんと好きな野球の話で盛り上がり、すっかり□気□合した。

□気□合

---

5 次の(1)〜(5)の——線部を【　】の敬語に直して、指定の字数でそれぞれひらがなで書きなさい。［1つ2点×5］

(1) お父様と同じ道をすすむのですね。【尊敬語・五字】

(2) これから教える内容です。【謙譲《けんじょう》語・六字】

(3) あなたの本はここにある。【丁寧《ていねい》語・五字】

(4) 先生はすぐにもどる予定です。【尊敬語・七字】

(5) 贈《おく》り物のケーキを食べる。【謙譲語・四字】

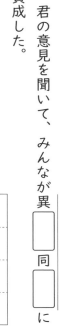

6

次の(1)〜(10)の――の品詞として最も適切なものを、あとから選んで記号で書きなさい。〔1つ2点×10〕

(1) 寒いのでコートを着た。〔　〕

(2) 安くて、しかも機能的な時計。〔　〕

(3) とてもきれいな字を書く人。〔　〕

(4) この暑さは体にこたえる。〔　〕

(5) 宿題が終わったらすぐに行きます。〔　〕

(6) 雨でも外出する。〔　〕

(7) えっ、いったい何のことですか。〔　〕

(8) 人の悪口は言わないそうだ。〔　〕

(9) たいしたことはしていない。〔　〕

(10) 苦しくなったら伝えてください。〔　〕

ア 名詞　イ 副詞
ウ 連体詞　エ 接続詞
オ 感動詞　カ 動詞
キ 形容詞　ク 形容動詞
ケ 助詞　コ 助動詞

7

次の(1)〜(5)の――の修飾《しゅうしょく》語は、どの言葉にかかっているか。最も適切なものを、それぞれあとから選んで記号で書きなさい。〔1つ2点×5〕

(1) あの子はちっとも人の話を聞かない。〔　〕

ア あの子は　イ 人の
ウ 話を　エ 聞かない

(2) あらゆることがぼくらの役に立つ。〔　〕

ア ことが　イ ぼくらの
ウ 役に　エ 立つ

(3) もっと小さいコップでも十分に入る。〔　〕

ア 小さい　イ コップでも
ウ 十分に　エ 入る

(4) 牛乳にさとうを入れて少しだけ飲む。〔　〕

ア 牛乳に　イ さとうを
ウ 入れて　エ 飲む

(5) 弟がかわいい絵を見て笑う。〔　〕

ア 弟が　イ 絵を
ウ 見て　エ 笑う

8 次の(1)〜(5)の文は、四つの文の型のうちどれにあたるか。あとから選んで記号で書きなさい。(同じ記号を二度使ってもよい。)

［1つ2点×5］

(1) 森の 中に きつねが いた。 ［　　］

(2) 夕方の 湖は とても 静かだ。 ［　　］

(3) 私の 母は 地区の 役員だ。 ［　　］

(4) 犬が スリッパを かんだ。 ［　　］

(5) 友だちとの 会話は 楽しい。 ［　　］

ア 誰《だれ》(何)が―どうする

イ 誰(何)が―どんなだ

ウ 誰(何)が―何だ

エ 誰(何)が―ある／いる／ない

9 次の(1)〜(5)の――線部を、文や【　　】内の条件に合うように正しく書き直しなさい。

［1つ2点×5］

(1) そのジュースは弟がこぼれてしまった。

↓［　　］

(2) 兄の長所は、英語が話せる。

↓［　　］

(3) たとえ反対されて、私はあきらめない。

↓［　　］

(4) 大きい家が写っている写真。

【大きいのは写真であることがわかる文にする】

↓［　　］

(5) 姉は急いで走る犬を追いかけた。

【急いでいるのは姉であることがわかる文にする】

↓［　　］

完成テスト

読解編

解答・解説▼別冊29ページ

学習日　　月　　日

得点　　／100

1 次の文章を読んで、あとの問いに答えなさい。［1つ10点×4］

1　現代は情報化社会と言われていて、あたかも私たちは毎日大量の情報に触《ふ》れているかのように思っています。確かにインターネット上にある情報の量はすごい。その気になれば、何でもいくらでも調べられます。

2　A、意外にみんなそれほど情報を*摂取《せっしゅ》していないというのが私の印象です。

3　いつもスマホをいじっているのに、あれも知らない、これも知らない。「最近こういうニュースが話題だけど……」と話を振《ふ》っても、「そのキーワードは聞いたことがあるんですが、どんな内容なんですか？」と聞かれてしまいます。どうやら、表面だけサーッと撫《な》でてキーワードだけ拾っており、詳《くわ》しいところまでは読んでいないようなのです。

4　「まとめサイトしか見ていない」という人もいます。知りたいことが簡単にまとめてあって、(1)それでわかった気になる。(2)わかった気になったけれど、聞かれると答えられない。間違《まちが》って読んでいたり、すぐに忘れてしまったりします。

5　インターネットの(3)海と言いますが、ほとんどの人は浅瀬《あさせ》で貝殻《かいがら》をとっているようなもの。深いところへ潜《もぐ》りにいく人はあまりいません。潜れば、まだ見たことのない深海魚に出合えるかもしれないし、知らなかった世界が広がっているのに、です。同じ海を目の前にしても、やることは人によって違うわけです。

（齋藤孝《さいとうたかし》『読書する人だけがたどり着ける場所』）

＊ 摂取＝取り入れて、自分のものとすること。

(1) A にあてはまる言葉として最も適切なものを、あとから選んで記号で書きなさい。

ア しかし　イ だから　ウ しかも　エ なぜなら

［　　］

(2) ――(1)「それ」の指し示す内容を、文章中の言葉を使って書きなさい。

［　　］

(3)　――(2)「わかった気に……答えられない」とあるが、その理由となる一文を文章中から探し、**初めの五字**を抜《ぬ》き出して書きなさい。（句読点も一字と数える。）

(4)　――(3)「海」とは、何の多さをたとえたものか。最も適切な言葉を、文章中から**二字**で抜き出して書きなさい。

2　次の詩・短歌・俳句を読んで、あとの問いに答えなさい。　［1つ10点×2］

A　本　　三好《みよし》達治《たつじ》

蝶《ちょう》よ　白い本
蝶よ　軽い本
水平線を縫《ぬ》いながら
砂丘《さきゅう》の上を舞《ま》いのぼる

B　やさしいね陽《ひ》のむらさきに透《す》けて咲《さ》く
　去年の□を知らぬコスモス　　俵《たわら》万智《まち》

C　雪ふるといひしばかりの人しづか　　室生《むろう》犀星《さいせい》

(1)　Aの詩の表現技法を説明した次の文の[a]にあてはまるものを、あとから選んで記号で書きなさい。また、[b]にあてはまる言葉を詩の中から**漢字一字**で抜き出して書きなさい。

1・2行目は、ともに[a]を用いたうえで、蝶を[b]にたとえ、さらに、「対句《ついく》法」で書かれている。

ア　体言止め　　**イ**　倒置《とうち》法　　**ウ**　擬態《ぎたい》語

a［　　］　b □

(2)　Bの短歌の□にあてはまる季節を表す言葉は何か。また、Cの俳句はどの季節を詠《よ》んだものか。それぞれ**漢字一字**で書きなさい。

B □　C □

3　次の文章を読んで、あとの問いに答えなさい。

［1つ10点×3］

定年退職となるエリカのおじいちゃん（イシさん）が、送別会で泣いていたヒデさんの前で、「キサゲ」を使って金属の表面をけずって平らにする作業をしている。次は、その様子を、エリカが工場長と見ている場面である。

仕上げをするおじいちゃんの姿を、(1)ヒデさんは真剣《しんけん》な目で食い入るように見つめる。

手取り足取り教えるわけじゃない。おじいちゃんが一生懸命《けんめい》仕事をしているところをヒデさんに見せるだけだ。

でも、ヒデさんの目、すごく真剣だ。それはそうだよね。明日からは、もうおじいちゃんはいないんだから。

会話はほとんどない。でも、おじいちゃんは先生だ。無口で、怒《おこ》ると怖《こわ》そうだけど、ほんとうは優《やさ》しい先生。

「ゆうべの送別会でヒデが泣いたって言っただろ？　あいつ、イシさんに手のひらを見せてください、って頼《たの》んだんだ。四十年以上もキサゲを握《にぎ》りつづけてゴワゴワになったイシさんの手をじーっと見て、深々とおじぎをして、がんばります、って言って……それで泣きだしちゃったんだよなあ、あいつ」

おじいちゃんのキサゲが止まった。

よし、あとはおまえがやってみろ、とヒデさんに場所を譲《ゆず》った。

ヒデさんは緊張《きんちょう》した表情で、おじいちゃんのものに比べるとまだ新しいキサゲの柄《え》を握り直して、グッと押《お》す。

よし、それでいいんだ、とおじいちゃんがうなずくと、(2)ヒデさんは子どもみたいに顔をくしゃくしゃにして笑った。

おじいちゃんは(3)照れくさそうに横を向いて――わたしと、やっと目が合った。

「……なんだ、エリカちゃん、来てたのか」

もっと(4)照れくさそうな顔になる。

（重松清《しげまつきよし》『おじいちゃんの大切な一日』）

(1) ——(1)「ヒデさんは……見つめる」とあるが、それはなぜか。「〜から。」に続くように、その理由を文章中から**十八字**で探し、**初めと終わりの三字**を抜《ぬ》き出して書きなさい。

□□□〜□□□から。

(2) ——(2)「ヒデさんは……笑った」とあるが、このときのヒデさんの気持ちとして最も適切なものを、あとから選んで記号で書きなさい。［　］

ア 今後はやりたいようにできると意気ごんでいる。
イ 泣いているおじいちゃんをおかしく思っている。
ウ もうがんばらなくてもいいと、ほっとしている。
エ 自分がしたキサゲの作業を認められ、喜んでいる。

(3) ——(3)「照れくさそうに」、——(4)「照れくさそうな」とあるが、それぞれ誰《だれ》に対して照れくさそうにしているのか、文章中から抜き出して書きなさい。

(3)［　］
(4)［　］

---

4 次の資料は、生徒百人に対して行った「部活動に求めること」というアンケートの回答をまとめた資料である。ここから読み取れることとして最も適切なものを、あとから選んで記号で書きなさい。［1つ10点×1］

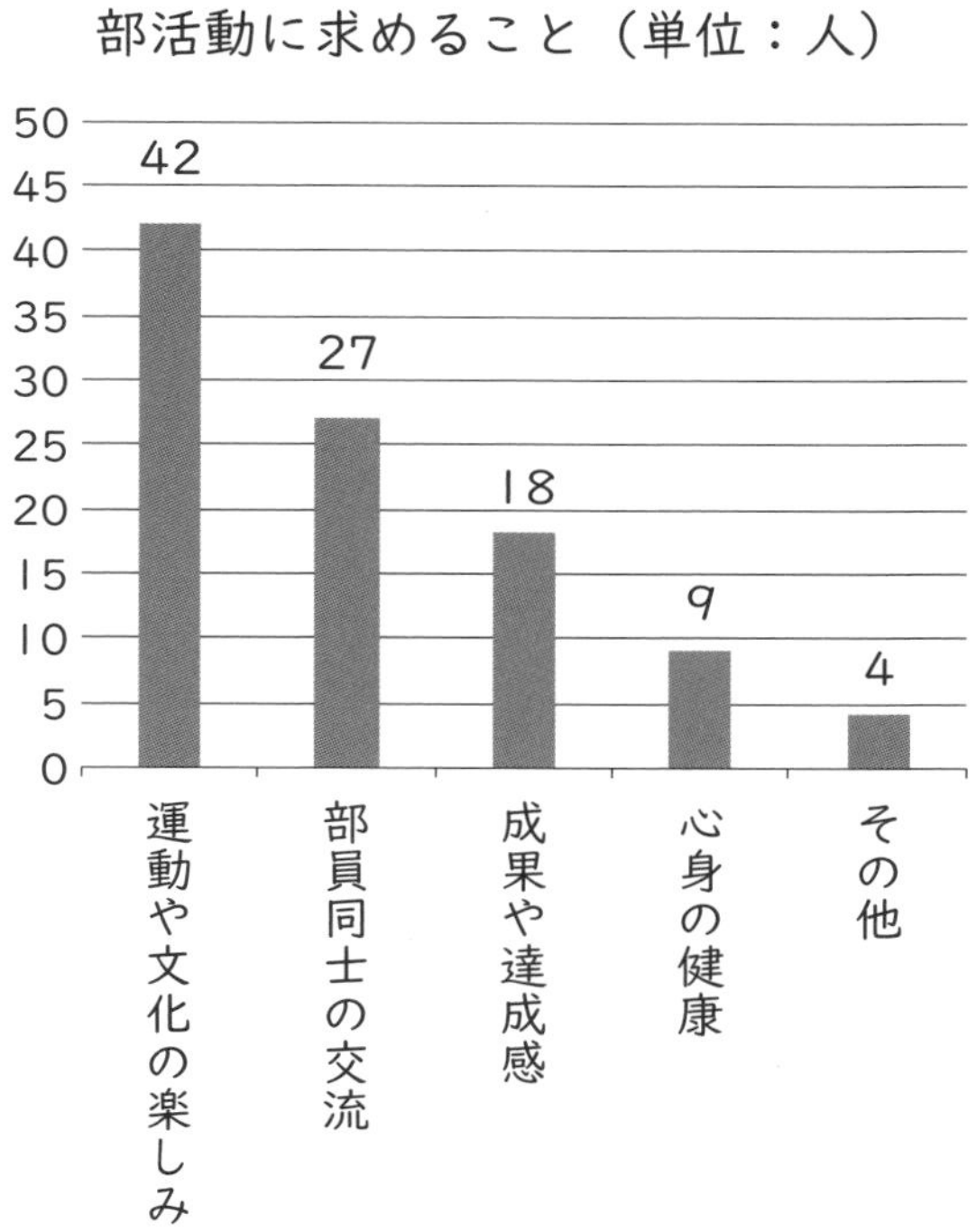

ア「運動や文化の楽しみ」と回答した人が最も多く、全回答者数の半数以上である。
イ「心身の健康」の回答者数は、「部員同士の交流」の回答者数の三分の一である。
ウ「部員同士の交流」の回答者数は、「成果や達成感」の回答者数の倍以上である。

［　］

小学校の国語のだいじなところがしっかりわかるドリル

別冊 解答解説

旺文社

❶章 言葉

1 かなづかい

要点まとめ ▼本冊 P.8

①こんにちは ②じめん ③そこぢから
④ひもづける ⑤しいたけ ⑥くうはく
⑦せいりつ ⑧おうさま ⑨とおりみち

2 擬態《ぎたい》語・擬声語

要点まとめ ▼本冊 P.10

①すやすや ②ひらひら ③きらきら
④ガチャガチャ ⑤ポチャン ⑥ニャー
⑦擬態 ⑧擬声 ⑨音 ⑩アハハ

問題を解いてみよう！ ▼本冊 P.12

1 (1)ブンブン (2)コホコホ
(3)ぷんぷん (4)ちかちか (5)さらさら
(6)ぱくぱく (7)ゆらゆら (8)ワンワン

解説

(1) 「ブンブン」は虫が飛ぶ音などを表します。
(2) 「コホコホ」はせきをしたときの音などを表します。
(3) 「ぷんぷん」は怒《おこ》っているときの様子などを表します。
(4) 「ちかちか」は強い光のせいで目が痛むような様子などを表します。
(5) 「さらさら」はよどみなく軽《かろ》やかに流れる様子などを表します。
(6) 「ぱくぱく」は勢いよく食べる様子などを表します。
(7) 「ゆらゆら」はゆるやかにゆれ動く様子などを表します。
(8) 「ワンワン」は犬の鳴く声などを表します。

大切 文に表現されている状態や様子を読み取り、あてはまる擬態語や擬声語（擬音語）を考えます。

2 (1)赤ちゃん (2)馬 (3)雪 (4)たいこ

解説

(1) 「オギャー」は赤ちゃんが泣く声などを表します。
(2) 「パカパカ」は馬が軽やかに歩くときのひづめの音などを表します。
(3) 「ちらちら」は小さな軽いものが細かに動きながら落ちる様子などを表します。
(4) 「ドンドン」は続けて強く打つ音などを表します。

大切 擬態語や擬声語（擬音語）が、主語を考える手がかりになることがあります。

3 **(1)ア (2)イ (3)イ (4)ア**

解説

(1)(4) 実際の音声ではなく様子を表しているので擬態語です。
(2)(3) 音声を言葉にしているので擬声語（擬音語）です。

大切 音声を表しているものが擬声語（擬音語）で、音声ではない状態や様子を表しているものが擬態語です。

4 **(1)オ (2)カ (3)ウ (4)イ (5)キ**
(6)ア (7)ク (8)エ

解説

(1) 「どっしり」は落ち着いていて重々しい様子などを表します。
(2) 「ぐんぐん」は勢いよく進行する様子などを表します。
(3) 「ぐつぐつ」は強い火力で煮込《にこ》む音や様子などを表します。
(4) 「ころころ」は小さなものが転がっていく様子などを表します。
(5) 「ばっさり」は思い切って捨てたりけずったりする様子などを表します。
(6) 「すらすら」は物事がとどこおりなくなめらかに運ぶ様子などを表します。
(7) 「きょろきょろ」は落ち着きなく目を動

かす様子などを表します。

(8) 「てきぱき」は手際《てぎわ》よく物事を処理する様子などを表します。

大切 擬態語と擬声語（擬音語）がどのような様子や音を表しているのかを読み取りましょう。

5 (1) **エ** (2) **ウ** (3) **ア** (4) **オ** (5) **カ** (6) **イ**

解説

(1) 「いそいそ」は楽しいことを期待して、動作にはずみがついている様子などを表します。

(2) 「くよくよ」はいつまでも気にして思いなやむ様子などを表します。

(3) 「めきめき」は際立って、向上・成長する様子などを表します。

(4) 「うとうと」は浅い眠《ねむ》りの状態にある様子などを表します。

(5) 「ずきずき」は傷口などが強く痛む様子などを表します。

(6) 「はらはら」はことの成り行きを心配して気をもむ様子などを表します。

大切 擬態語と擬声語（擬音語）は心情を表す場合もあるので注意しましょう。

3 国語辞典

要点まとめ ▼本冊 P.14

①五十 ②ない ③ばん ④あつい ⑤おだやか ⑥初 ⑦気乗り ⑧意外

4 判断を表す言葉

要点まとめ ▼本冊 P.16

①事実 ②意見 ③理由 ④考え ⑤ごみ ⑥危機感を覚えた ⑦地球を守る

5 音読み・訓読み

要点まとめ ▼本冊 P.18

①音読み ②訓読み ③訓 ④音 ⑤重箱 ⑥音 ⑦音

6 漢字のなりたち

要点まとめ ▼本冊 P.20

①線 ②漢字 ③口 ④意味 ⑤音 ⑥ハン

7 部首・画数

要点まとめ ▼本冊 P.22

①部首 ②体の部分 ③画数 ④三 ⑤二 ⑥三

問題を解いてみよう！ ▼本冊 P.24

1 (1)ごんべん (2)ひとあし (3)たけかんむり (4)ぎょうにんべん (5)かくしがまえ (6)あめかんむり (7)まだれ (8)おおざと

解説

(1) 言葉に関係のある部首です。

(2) 人の頭から足先までに関係のある部首です。

(3) 竹で作ったものや竹の性質に関係のある部首です。

(4) 道や移動に関係のある部首です。

(5) 「はこがまえ」とひとくくりにされることもあります。

(6) 雨に関係のある部首です。

(7) 家や屋根に関係のある部首です。

(8) 土地や人のいる場所に関係のある部首です。形の似ている「こざとへん」とまちがえないようにしましょう。

大切 形の似ている部首もあるので、混同しないようにしましょう。

2

(1)迷　(2)持　(3)救　(4)間　(5)河
(6)効

解説

(1)「しんにょう」を左下に、「米」を右上に組み合わせます。

(2)「てへん」を左側に、「寺」を右側に組み合わせます。

(3)「ぼくづくり」は、「のぶん」「ぼくづくり」「ぼくにょう」ともいいます。「ぼくづくり」は「つくり」なので右側に、「求」を左側に組み合わせます。

(4)「もんがまえ」は出入り口に関係のある部首です。

(5)「さんずい」を左側に、「可」を右側に組み合わせます。

(6)「ちから」を右側に、「交」を左側に組み合わせます。

大切　部首は漢字のどの位置にあるのかを考えます。

3

(1)**イ**　(2)**エ**　(3)**ア**　(4)**ウ**

解説

(1)「性」の部首は「りっしんべん」で、心や精神に関係のある部首です。

(2)「照」の部首は「れんが（れっか）」で、火を表す部首です。

(3)「つち」「つちへん」という部首で、土や地面に関係のある部首です。

(4)すべて体（＝肉）に関係のある漢字であることから考えます。

大切　同じ意味をもつ部首でも、形がちがう場合もあるので注意しましょう。

4

(1)**イ**　(2)**ア**　(3)**エ**　(4)**ウ**

解説

(1)「くさかんむり」という部首名をヒントに考えます。

(2)「ころもへん」という部首名をヒントに考えます。

(3)「行」「街」など、「ぎょうがまえ」の漢字をヒントに考えます。

(4)「がんだれ」は、切りたったがけの形を表す部首です。

大切　部首がどのような漢字に使われているのかを考えましょう。

5

(1)五　(2)六　(3)十　(4)六　(5)九
(6)九

解説

(1)二画目と四画目を一画で書かないように気をつけましょう。

(2)(4)一画目と二画目を一画で書かないように気をつけましょう。

(3)八画目を二画に分けて書かないように気をつけましょう。

(5)五画目と七画目を一画で書かないように気をつけましょう。

(6)四画目と八画目を一画で書かないように気をつけましょう。

大切　一画で書くところと書かないところがあるので注意しましょう。

6

(1)予　(2)氷　(3)所　(4)海　(5)番
(6)優

解説

(1)「予」は四画、その他は三画です。
(2)「氷」は五画、その他は六画です。
(3)「所」は八画、その他は七画です。
(4)「海」は九画、その他は十画です。
(5)「番」は十二画、その他は十一画です。
(6)「優」は十七画、その他は十八画です。

7

(1)五　(2)七　(3)七　(4)一　(5)二
(6)四

解説

(1)五画目の点を最後に書かないように気

をつけましょう。

(2) 三～七画目の書き順に特に注意しましょう。

(3) かくしがまえは、一画目に「一」を、最後に「L」を書くと覚えておきましょう。

(4) 横画から書き始めないように気をつけましょう。

(5) 「横画→縦画→横画」の順に書きます。「右」と書き順がちがうので、注意しましょう。

(6) 書き順をまちがえやすいので気をつけましょう。

大切 書き順がわかりにくい漢字は、実際に何度も書いて覚えましょう。

8 送りがな

要点まとめ ▼本冊 P.26

①く ②い ③形容 ④合う ⑤走る

9 同訓異字

要点まとめ ▼本冊 P.28

①同じ ②漢字 ③例 移動 ④訓 ⑤例 冷え ⑥熟語

問題を解いてみよう！

▼本冊 P.30

1 (1)イ (2)ウ (3)ウ (4)ア (5)イ

解説

(1) 骨が折れてしまうことを「骨折」ということから考えます。

(2) 席が空いている状態を「空席」ということから考えます。

(3) 「建設」「建築」などの熟語を見つけ、そこから「建」がふさわしいと判断します。

(4) 「勤務」という熟語からは、「勤」「務」のどちらを使えばよいかが判断できないため、「通勤」「勤続」などの熟語を思いうかべて判断します。

(5) カメラで写したものを「写真」ということから考えます。

大切 同訓異字となっている漢字を使った熟語をいくつか考えて判断しましょう。

2 (1)治 (2)収 (3)修 (4)納 (5)差 (6)指

解説

(1) 「治める」には「統治する」という意味があります。

(2) 「収める」には「中に入れる」という意味があります。

(3) 「修める」には「身につける」という意味があります。

(4) 「納める」には「お金や物をわたす」という意味があります。

(5) 「日差し」という言葉から判断します。

(6) 「指示」という熟語から判断します。

大切 漢字の意味のちがいに着目すると判断しやすくなります。

3 (1)暑 (2)変 (3)合 (4)覚 (5)供 (6)泣 (7)速 (8)返

解説

(1) 気温が高いときには「暑」を使います。

(2) 「変化」という熟語から考えます。

(3) 「会う」は主に人と人とが顔を合わせるときに使うのでちがいます。

(4) 「目覚まし」という言葉があります。

(5) 「お供え」という言葉があります。

(6) 人がなくときには「泣く」を使います。

(7) 「速度」という熟語から考えます。

(8) 「返却《へんきゃく》」という熟語から考えます。

大切 漢語に直したり、他の言葉に言いかえたりして判断しましょう。

4 (1)暖→温　(2)聞→効　(3)追→負

解説

(1)「あたたかい」は、スープの温度が高いことを表現しているため、「温」が正しい漢字です。「暖」は気温が高いときだけに使います。

(2)「きく」は、効果のある薬であることを表現しているため、「効」が正しい漢字です。「聞」は耳にするときに使います。

(3)「責任をおってしまった」は、責任を背負ったことを表現しているため、「負」が正しい漢字です。「追」は追いかけるときに使います。

大切　それぞれの漢字の意味を考え、まちがって使われている漢字に気づけるようにしましょう。

10 同音異字

要点まとめ ▼本冊 P.32

①音　②ゴ　③イシ　④少　⑤包　⑥加

問題を解いてみよう! ▼本冊 P.34

1 (1)イ　(2)ウ　(3)ア　(4)イ　(5)ウ

解説

(1)「舎」には「建て物」という意味があります。

(2)「規」には「決まり」という意味があります。

(3)「鋼」は「鉄」をきたえたものです。「鉄鉱石」は「鉄」の原石ですから、「鋼」はあてはまりません。

(4)「験」には「試《ため》す」という意味があります。

(5)「成績」の「績」には「てがら」という意味があります。

大切　それぞれの漢字の意味を考えて選びましょう。

2 (1)則　(2)側　(3)測　(4)慣　(5)刊　(6)関

解説

(1)「反則」とは「決まりに反した行動」です。

(2)「側面」とは「周りにある面」のことです。

(3)「測定」とは「はかること」という意味です。

(4)「習慣」とは「慣れ親しんだ習わし」のことです。

(5)「刊行」とは「書物を発刊すること」です。

(6)「関心」とは「関わりをもちたいという思い」です。

大切　熟語を作ったり、訓読みにしたりして、それぞれの漢字のもつ意味を考えると判断しやすくなります。

3 (1)対象　(2)対照　(3)大賞　(4)大正　(5)会報　(6)解放　(7)開放　(8)快方

解説

(1)相手を意味する「対象」です。

(2)ちがいがはっきりすることを意味する「対照」です。

(3)大きな賞である「大賞」です。

(4)年号の一つである「大正」です。

(5)会の知らせである「会報」です。

(6)解き放たれることを表す「解放」です。

(7)開けたままにすることを表す「開放」です。

(8)良い方向を表す「快方」です。

大切　文脈からそれぞれの熟語の意味を正確にとらえましょう。

4 (1)求→救　(2)講→構　(3)復→複

11 熟字訓

要点まとめ ▼本冊 P.36

①へた ②きょう ③しもて

④熟字訓 ⑤こんにち

解説

(1)「救」は「救う」という意味です。「救ったり助けたりする活動」を「救助活動」と言います。「求」は「探す、望む」という意味なのでちがいます。

(2)「構」は「かまえる」という意味です。「構想」は「想いを構えること」、つまり「考えを組み立てること」という意味です。「講」は「話をする」という意味なのでちがいます。

(3)「複」は「二つ以上」という意味です。「復」は「もう一度」という意味なのでちがいます。

大切 文脈から熟語の意味を考え、まちがって使われている漢字に気づけるようにしましょう。

12 熟語の構成

要点まとめ ▼本冊 P.38

①色 ②願望 ③長い ④多い(多くの)

⑤防火 ⑥造る ⑦力 ⑧読んで

⑨認め ⑩急 ⑪悪化 ⑫試験

問題を解いてみよう! ▼本冊 P.40

1

(1)カ (2)ウ (3)オ (4)イ (5)キ

(6)エ (7)ケ (8)ア (9)ク

解説

(1)「頭が痛い」という意味の熟語です。

(2)「損をする」と「得をする」という反対の意味の漢字で構成されています。

(3)「水を節約する」という意味の熟語です。

(4)「停」「止」ともに「とめる」という意味があります。

(5)「無」が下の漢字の意味を打ち消しています。

(6)「海の底」という意味の熟語です。

(7)「特別急行」の省略です。

(8)「々」は同じ字を重ねるという意味をもちます。

(9)「化」は上の漢字のようになるという意味を示しています。

2

(1)自 (2)存 (3)良 (4)清 (5)増

(6)生 (7)体 (8)表

解説

(1)どちらも「じぶん」という意味をもちます。

(2)どちらも「ある」という意味をもちます。

(3)どちらも「よい」という意味をもちます。

(4)どちらも「きれいである」という意味をもちます。

(5)どちらも「ふえる」という意味をもちます。

(6)どちらも「うむ」という意味をもちます。

(7)どちらも「からだ」という意味をもちます。

(8)どちらも「あらわす」という意味をもちます。

3

(1)正 (2)開 (3)有 (4)往 (5)旧

(6)富 (7)買 (8)悪

解説

(1)「誤り」の反対は「正しい」です。

(2)「閉じる」の反対は「開く」です。

(3)「無い」の反対は「有る」です。

(4)「復」は「もどる、帰る」という意味で、反対は「行く」という意味の「往」です。
(5)「新しい」の反対は「古い」で、「旧」には「古い」という意味があります。
(6)「貧しい」の反対は「富む」です。
(7)「売る」の反対は「買う」です。
(8)「善い」の反対は「悪い」です。
大切 訓読みにして考えると反対の言葉が思いつきやすくなります。

4
(1)無　(2)非　(3)未　(4)否　(5)不
(6)未

解説
(1)「無口」とは口数が少ないことです。
(2)「非番」とは当番ではないことです。
(3)「未知」とはまだ知られていないことです。
(4)「否定」とはちがうと示すことです。
(5)「不快」とは快くない気分です。
(6)「未満」とはそこに満たないことです。
大切 「不満」「未満」などのように、ついた打ち消しの漢字によって意味が異なる熟語に注意しましょう。

13 類義語・対義語

要点まとめ ▼本冊 P.42
①類義語　②決心　③例 同じ
④例 変わる　⑤対義語　⑥対義語
⑦良　⑧悪　⑨類義語

問題を解いてみよう! ▼本冊 P.44

1
(1)エ　(2)エ　(3)ア　(4)ウ　(5)イ

解説
(1)「案外」とは、「思いのほか」という意味です。「意外」の同音異義語の「以外」を選ばないように注意しましょう。
(2)「公平」とは、「判断などがかたよらない」という意味です。
(3)「自立」とは、「他にたよらずに自分独りの力で物事をする」という意味です。
(4)「手段」とは、「目的を達成するための方法」という意味です。
(5)「興味」とは、「あることに心がひかれる」という意味です。「関心」には同音異義語が多いので、気をつけましょう。

2
(1)ウ　(2)イ　(3)エ　(4)イ　(5)ア
(6)エ

解説
(1)「直接」とは、「じかに」という意味です。「間をはさんで」という意味の「間接」が対義語です。
(2)「自己」とは、「自分自身」のことです。自分以外の人を表す「他者」が対義語です。
(3)「可決」とは、「議案を良いと認めて通す決定」のことで、「通さない決定」という意味の「否決」が対義語です。
(4)「理性的な人」↕「感情的な人」などと対比させることがあります。
(5)政治に対する姿勢で、「保守派」↕「革新派」と対比させることがあります。
(6)「内容」とは、「物事を成り立たせている中身」という意味です。その中身を形作る外側という意味の「形式」が対義語です。

3
(1)経験　(2)異論　(3)使命　(4)愛情
(5)実態　(6)完全

解説
(1)「体験」とは、「自分で実際に経験すること」という意味です。
(2)「異議」とは、「ある意見に対する異なった意見」という意味です。

(3)「任務」とは、「果たさなくてはならない務め」という意味です。
(4)「好意」とは、「好ましく思う気持ち」という意味です。
(5)「実質」とは、「実際の物事に備わっている内容」という意味です。
(6)「無欠」とは、「欠けたところがない」という意味です。「完全無欠」で四字熟語にもなります。

大切 似た意味をもつ漢字を探しましょう。

4 (1)消極 (2)他力 (3)減少 (4)単純 (5)平和 (6)生産

解説
(1)「積極的な態度」↕「消極的な態度」などと対比させることがあります。
(2)「自」と対《つい》になる漢字が「他」で、「自他」という二字熟語にもなります。
(3)「減少」とは、少なくなって減るという意味で、反対に加わって増えるのは「増加」です。
(4)「単純な仕組み」↕「複雑な仕組み」などと対比させることがあります。
(5)「戦争」のない世界は「平和」な世界といえます。
(6)「消費者」↕「生産者」などと対比させることがあります。

大切 どのような文章で使われる熟語なのかを考えるとわかりやすいでしょう。

5 (1)順調 (2)無事 (3)所持 (4)美点 (5)賛成 (6)人工 (7)低下 (8)応用 (9)現実 (10)精神

解説
(1)「好調」とは、「調子が良い」という意味で、似た意味の言葉は「順調」です。
(2)「安全」とは、「危ないことがない」という意味で、似た意味の言葉は「無事」です。
(3)「所有」とは、「自分のものとして持つ」という意味で、似た意味の言葉は「所持」です。
(4)「長所」とは、「すぐれているところ・良い点」という意味で、似た意味の言葉は「美点」です。
(5)「同意」とは、「他人の意見などに対して賛成すること」です。
(6)「自然」とは、「ありのまま」という意味です。「自然に手を加える」という意味の「人工」が対《つい》になります。
(7)「向上」とは、「上に向かって進むこと」です。その反対は下に向かって低くなる「低下」です。
(8)「基本」とは、「物事のおおもと」という意味です。「基本」から「派生・発展する」という意味の「応用」が対になります。
(9)「理想」とは、「考えうる最も良いもの」です。「実際にあるもの」という意味の「現実」が対になります。
(10)「肉体」とは、「生きている人間のからだ」という意味です。人間を構成する要素として、実体のある肉体と実体のない「精神」が対になります。

大切 共通する一字や、反対、もしくは対になる漢字が使われている熟語を考えてみましょう。

14 多義語

要点まとめ ▼本冊 P.46

①例 言葉 ②書店 ③下 ④例 引き出す ⑤安い ⑥例 温度

問題を解いてみよう! ▼本冊 P.48

1 (1)はしる (2)すむ (3)ながれる

解説
(1)それぞれ「(ゴールに向かって)速く進む」「(背中にいたみが)瞬間的《しゅんかんてき》に強く

生じる」「(地面に亀裂《きれつ》が)線状に通る」という意味です。

(2) それぞれ「(用事が)片づく」「(十分気が)落ち着く」「(出かけずに)物事が解決する」という意味です。

(3) それぞれ「(雨天で遠足が)実現しない」「(長い年月が)過ぎる」「(アナウンスが)聞こえる」という意味です。

大切 それぞれの文にあてはまる言葉を、別の言葉に置きかえて考えましょう。

2 (1)**ウ** (2)**ウ** (3)**ア**

解説

(1) **ア**は「背中に乗せる」、**イ**は「背後(背景)にする」、**ウ**は「重大なことや責任を負う」という意味です。

(2) **ア**は「足の裏で強くおす」、**イ**は「辞退する」、**ウ**は「足で勢いよく移動させる」という意味です。

(3) **ア**は「容量や面積などが大部分をしめる」、**イ**は「えらそうである」、**ウ**は「音量がふつうより多い」という意味です。

3 (1)**イ** (2)**エ** (3)**オ** (4)**ウ** (5)**ア**

解説

(1) 毛布は体の上からかぶせるようにして置くものです。

(2) ボタンはボタンホールに引っかけることで固定され、布が動かなくなります。

(3) 車はエンジンを起動させることで動きます。

(4) 自分がしたことによって、親に何かしらの良くない影響《えいきょう》があったと考えられます。

(5) 友達に届くように声を出しています。

4 (1)**イ** (2)**ウ** (3)**ア** (4)**イ**

解説

(1) 「それてしまったので戻《もど》す」とあることから考えます。

(2) 「足を前へ進める」とあることから考えます。

(3) 「明るい」→「よく見える」から「詳《くわ》しい」という意味になります。

(4) **ア**は「(衣服を)身につける」、**ウ**は「身の丈《たけ》に合う」などと使うときの意味です。

大切 文中の言葉と置きかえて、意味が変わらないものを選びましょう。

15 和語・漢語・外来語

要点まとめ ▼本冊 P.50

①訓 ②音 ③カタカナ ④はきもの ⑤くつ

問題を解いてみよう! ▼本冊 P.52

1 (1)**ア** (2)**ウ** (3)**イ** (4)**ア**

解説

(1)(4) 漢字の訓読みとひらがなで表記されている和語です。

(2) カタカナ表記の外来語です。

(3) 漢字の音読みで読まれる漢語です。

大切 それぞれの読み方や表記の特徴《とくちょう》をつかみましょう。

2 (1)**エ** (2)**ウ** (3)**イ** (4)**ア**

解説

(1) 「池の周りを歩行する」というような例文を作り、「池の周りをウォーキングする」とあてはめて考えます。

(2) 「ライフ」には「生活」のほかに「命」や「人生」などの意味もあります。

(3) 「トップ」には「頂点」のほかに「上方」などの意味もあります。

(4)「食堂」とは「食事をするための場所」を意味するということから考えます。

大切 意味を知らない外来語は、漢語を使った例文にあてはめて考えましょう。

3

(1)**イ** (2)**ア** (3)**ウ** (4)**ア** (5)**ウ**
(6)**イ**

解説

(1)「ソウゲン」は音読みなので、漢語です。
(2)「くさはら」は訓読みなので、和語です。
(3)「カステラ」はポルトガル語が元の外来語です。
(4)訓読みで読まれる和語です。
(5)「カルタ」はポルトガル語が元の外来語です。
(6)音読みで読まれる漢語です。

大切 (1)と(2)のように、漢字表記は同じでも、読み方を変えることによって和語になるものと漢語になるものがあります。

例 風車(かざぐるま・ふうしゃ)、色紙(いろがみ・しきし)など

4

(1)**オ** (2)**カ** (3)**イ** (4)**ア** (5)**ウ**
(6)**エ**

解説

(1)「昼に食べるご飯(食事)」のことで、「昼食」と同じ意味です。
(2)「学び、習う」という意味の「学習」と同じ意味です。
(3)「山に登ること」で、「登山」と同じ意味です。
(4)漢字に直すと「寒さ」で、「寒気」と同じ意味です。
(5)漢字に直すと「幸せ」で、「幸福」と同じ意味です。
(6)漢字に直すと「命」で、「生命」と同じ意味です。

大切 和語を漢字に直して、使われている漢字の意味から考えます。

5

(1)**カ** (2)**オ** (3)**ウ** (4)**イ** (5)**ア**
(6)**エ**

解説

(1)「助言をする人」のことを「アドバイザー」といいます。
(2)「果実」は和語では「くだもの」です。
(3)「フレーズ」は慣用句や、詩などの一節、文句という意味です。
(4)「伝言」は和語では「ことづて」です。
(5)「テーマ」を使った「テーマソング」や「テーマパーク」などの表現もあります。
(6)「服装」は和語では「よそおい」です。

大切 和語・漢語・外来語の意味を正しく覚え、適切に使いましょう。

6

(1)ノート (2)バイト (3)エアコン
(4)リモコン (5)アスパラガス
(6)リュックサック (7)インターネット
(8)ファミリーレストラン

解説

(1)(3)(5)(6) 長い語の後ろの部分を省略しています。「プロ(プロフェッショナル)」、「コラボ(コラボレーション)」なども同じです。
(2)(7) 長い語の前の部分を省略しています。「ガム(チューインガム)」なども同じです。
(4)(8) 長い語の最初と途中《とちゅう》を残して、ほかを省略しています。「スパコン(スーパーコンピューター)」なども同じです。

大切 省略前と省略後の両方を覚えておき、本来の意味を知りましょう。

16 複合語

要点まとめ ▼本冊 P.54

①例 発音 ②後ろ ③修学 ④ホーム
⑤合わせる ⑥消す ⑦テレビ
⑧くやしい ⑨見る ⑩聞く

17 慣用句

要点まとめ ▼本冊 P.56

①身体 ②口 ③馬 ④すずめ ⑤足
⑥鼻 ⑦顔 ⑧犬 ⑨牛 ⑩竹
⑪例 無理 ⑫筆

問題を解いてみよう! ▼本冊 P.58

1

(1)ク (2)カ (3)ア (4)キ (5)イ
(6)ウ (7)オ (8)エ

解説

(1) 「ねこ」を用いた慣用句には、「ねこのひたい」(非常にせまいこと)もあります。

(2) 「耳」を用いた慣用句には、「耳をかたむける」(注意深く聞く)もあります。

(3) 「歯」を用いた慣用句には、「歯がうく」(気取った行動を見聞きしていやな気分になる)もあります。

(4) もともとなかったものをつけ加えることからできた慣用句だといわれています。

(5) 「木で花をくくる」ではありません。

(6) 「さばを読む」は、魚市場でさばを数えるとき、急いで数を飛ばしてごまかすことからできた慣用句だといわれています。

(7) 「汗」を用いた慣用句には、「額に汗する」(努力する)もあります。

(8) 「知らぬ」という意味からできた慣用句だと言われています。

大切 同じ音の漢字をまちがえて覚えないようにしましょう。

2

(1)首 (2)口 (3)骨 (4)歯 (5)油
(6)土 (7)実 (8)満 (9)鼻 (10)根

解説

(1) 「首」を用いた慣用句には、「首をつっこむ」、「首をかしげる」などもあります。

(2) 「口」を用いた慣用句には、「口が重い」「口をぬぐう」などもあります。

(3) 「骨」を用いた慣用句には、「骨をおしむ」(おこたったり、なまけたりする)もあります。

(4) 「歯」を用いた慣用句には、「歯に衣《きぬ》着せぬ」(ありのままを言う)もあります。

(5) 「油」を用いた慣用句には、「油を売る」(おしゃべりをして時間をつぶす)もあります。

(6) 「土」を用いた慣用句には、「土がつく」(勝負に負ける)もあります。

(7) 「長年の努力が実を結んだ。」のように使います。

(8) 「満《まん》を持《じ》す」という読み方を覚えておきましょう。

(9) 「鼻もひっかけない」(相手にしない)とまちがえないようにしましょう。

(10) 「根」を用いた慣用句には、「根を下ろす」(定着する)もあります。

大切 よい意味・悪い意味のいずれかで使われることが多い慣用句は、使い方に注意が必要です。

3

(1)ウ (2)オ (3)ア (4)ク (5)キ
(6)イ (7)エ (8)カ

解説

(1) 反対の意味の慣用句は、「手を結ぶ」です。

(2) 「手がつけられない」(手のほどこしようがない)と、意味が似ています。

(3) 「手をかける」も、同じような意味の慣用句です。

(4) 「目」を用いた慣用句には、「目をふさぐ」「目を光らせる」などもあります。

(5) 医者が病人を見放すことからできた慣用句だといわれています。

(6) 「点数などを水増しする」という意味の慣用句「下駄《げた》をはかせる」もあります。

(7) 「あいまいな返事をして、お茶をにごした。」のように使います。

(8)「本性を隠《かく》して、うわべはおとなしく見せかける」ことです。

大切 「目が高い」「鼻が高い」のように、同じ言葉を用いる慣用句を混同しないようにしましょう。

4 (1)水を差す (2)顔から火が出る (3)身につまされる (4)熱にうかされた (5)横車をおす

解説

(1)「水かけ論」（決着のつかない議論）という言葉にまどわされないようにしましょう。

(2)はずかしさなどで、「顔が真っ赤になる」ことからできた慣用句だといわれています。

(3)「わが身と重ね合わせてひとごとでなく感じられる」という意味の慣用句です。「きつねにつままれたよう」という慣用句と混同しないようにしましょう。

(4)「悪夢にうなされる」という言葉と混同しないようにしましょう。

(5)「無理を通す」という意味の慣用句です。

18 ことわざ

要点まとめ ▼本冊 P.60

①もめごと ②例 失敗 ③例 似る
④耳 ⑤例 成功 ⑥例 準備
⑦例 手ごたえ

問題を解いてみよう！ ▼本冊 P.62

1 (1)**ウ** (2)**オ** (3)**ア** (4)**カ** (5)**イ** (6)**エ**

解説

(1)「がんじょうな石の橋でさえ、たたいて安全を確かめながら渡《わた》る」というたとえです。

(2)「大して差のないものを比べている」というたとえです。

(3)「帯には短くて使えず、たすきには長すぎてじゃまになる」というたとえです。

(4)「けがをしたが、手柄《てがら》を立てることができた」というたとえです。

(5)「たでのような辛《から》い植物でも好んで食べるものがある」というたとえです。

(6)「権力者や目上の人に対しては、従っていたほうが無難で得策だ」という意味です。

2 (1)**エ** (2)**イ** (3)**ア** (4)**ウ**

解説

(1)いずれも、「ちがいすぎて比べものにならない」という意味です。

(2)いずれも、「持って生まれた性質や小さな頃《ころ》から身にしみこんだ習慣は、年をとっても変えにくい」という意味です。

(3)いずれも、「二つの物を両方とも得ようとして、どちらも取りにがすこと」を表します。

(4)いずれも、「急ぐときこそ、あわてず落ち着いて行動するほうがよい」という意味です。

3 (1)耳 (2)頭 (3)手 (4)腹

解説

(1)「いくら意見をしても全く効果がない」という意味です。

(2)「隠《かく》したつもりが隠しきれていない」という意味です。

(3)「楽に利益を得る」という意味です。

(4)「状況《じょうきょう》が差し迫《せま》っていて、仕方なく受け入れる」という意味です。

4 (1)**ウ** (2)**イ** (3)**エ** (4)**ア**

解説

(1)「待てば海路の日和《ひより》あり」は「気長に待っていれば、良いことも起こる」、「思い立ったが吉日《きちじつ》」は「何かしようと思ったらすぐに行動したほうが良い」という意味です。

(2)「まかぬ種は生えぬ」は「何もしないでいては良い結果は得られない」、「棚《たな》からぼたもち」は「幸運はあせらずに自然にその時機が来るのを待つのが良い」という意味です。

(3)「君子危《あや》うきに近寄らず」は「立派な人は危険なことをさける」、「虎穴《こけつ》に入らずんば虎児を得ず」は「危険をおかさなければ成功は収められない」という意味です。

(4)「渡る世間に鬼《おに》はない」は「世の中はひどい人ばかりではない」、「人を見たら泥棒《どろぼう》と思え」は「簡単に人を信用してはいけない」という意味です。

5

(1)三　(2)五　(3)千　(4)万

解説

(1)「どんなに温厚《おんこう》な人でも、無礼な行いをくり返されれば怒《おこ》る」という意味です。

(2)「どんなに小さく弱い者でも、それ相応の意地がある」という意味です。

(3)「遠い旅路も足もとの第一歩から始まるものだ」という意味です。

(4)「一つのことがすべてのことにつながっている」という意味です。

大切 数字の大小に注目して、どのような内容を強調しているのかを考えましょう。

6

(1)イ　(2)ア　(3)ア

解説

(1)相手に使うと失礼にあたることわざです。

(2)似た意味のことわざに「石の上にも三年」があります。

(3)似た意味のことわざに「絵に描《か》いた餅《もち》」があります。

大切 「馬子《まご》」や「雨だれ」、「皮算用」といった、ことわざで使われている言葉がどのようなもの（こと）を表しているのかをつかみましょう。

19 故事成語

▼本冊 P.64

要点まとめ

①中国　②例 合わない　③例 勉強
④例 逃げた　⑤例 必要　⑥例 中身
⑦例 第三者　⑧例 あと

20 三字熟語・四字熟語

▼本冊 P.66

要点まとめ

①三　②無　③例 まだ　④修飾
⑤熟語　⑥化　⑦四　⑧対義

問題を解いてみよう！

▼本冊 P.68

1

(1)オ　(2)イ　(3)ア　(4)エ　(5)ウ

解説

(1)「無意識」は「無＋意識」であり、上の一字が下の二字熟語を打ち消しています。

(2)「上中下」は「上＋中＋下」と、三字の漢字が対等に並んでいます。

(3)「総予算」は「総＋予算」であり、上の一字が下の二字熟語を修飾《しゅうしょく》しています。

(4)「成人式」は「成人＋式」であり、上の二字熟語が下の一字を修飾しています。

(5)「最適化」は「最適＋化」であり、下に「的・性・化・然」のいずれかがついて特定の意味をそえています。

大切 三字熟語の構成は、まず「一字＋一字＋一字」「一字＋二字」「二字＋一字」のいずれの形であるのかに注目しましょう。

2

(1)未　(2)無　(3)非　(4)不

解説

(1)「未」には「まだ……していない」という意味があります。
(2)「無」には「……がない」という意味があります。
(3)「非」には「……ではない」「……がない」という意味があります。
(4)「不」には「……がない」「……ではない」という意味があります。

大切　「未使用」（まだ使っていない、という意味）と「不使用」（使っていない、という意味）など、ちがう打ち消しの意味をもつ漢字が同じ熟語につく場合があるので注意しましょう。

3

(1)ウ　(2)イ　(3)ア

解説

(1)「具体的」とは「はっきりとわかる様子」という意味です。
(2)「不自然」とは「自然でなく、わざとらしい様子」という意味です。
(3)「平等性」とは「等しい性質をもっている状態」という意味です。

大切　熟語の漢字を正しく覚えることで、熟語の意味の理解も深まります。

4

（読み、意味の順に）
(1)だいだんえん、ウ
(2)うちょうてん、イ
(3)なまはんか、ア

解説

(1)「大円団」などとまちがえないように注意しましょう。
(2)「天」を「点」などとまちがえないように注意しましょう。
(3)「半」を「反」などとまちがえないように注意しましょう。

5

(1)ウ　(2)イ　(3)ア

解説

(1)「起承転結」は、四字の漢字が対等に並んでいる構成です。
(2)「天変地異」は、「天変」と「地異」という対《つい》になる二つの熟語が対等に並んでいる構成です。
(3)「観察日記」は、「観察」と「日記」の二つの二字熟語に分かれ、上の熟語が下の熟語を修飾《しゅうしょく》しています。

大切　四字熟語の構成では、まず「一字＋一字＋一字＋一字」「二字＋二字」のどちらに分かれるかを考えます。次に、「二字＋二字」の場合は上下の二字熟語がどのような関係になっているのかを考えます。

6

(1)イ　(2)ウ　(3)ア

解説

(1)「一朝一夕《いっちょういっせき》」とは「少しの月日、時間」という意味です。
(2)「一日千秋」とは「一日が千年のように思えるほど待ち遠しい様子」という意味です。
(3)「一心不乱」とは「一つのことに集中している様子」という意味です。

7

(1)重↓長　(2)新↓心　(3)対↓体
(4)短↓単　(5)由↓油　(6)決↓欠

解説

(1)「意味深長」とは「簡単には理解できない深い意味合いが言葉の裏にふくまれている様子」という意味です。
(2)「心機一転」とは「ある事をきっかけに、その人の気分がすっかり変わる様子」という意味です。
(3)「絶体絶命」とは「ひどく追いつめられた状態」という意味です。
(4)「単刀直入」とは「前置きなしに、いきなり本題に入る様子」という意味です。

(5)「油断大敵」とは「注意を怠《おこた》ると恐《おそ》ろしいことになる」という意味です。

(6)「完全無欠」とは「欠けているところがない状態」という意味です。

21 敬語

要点まとめ ▼本冊 P.70

①敬意 ②食べる ③例 聞く

④例 もらう ⑤謙譲 ⑥尊敬

問題を解いてみよう! ▼本冊 P.72

1 (1)**イ** (2)**ウ** (3)**ア**

解説

(1)「来ます」の主語は「お客様」なので、尊敬語を選びます。

(2)「もらいます」の主語は「私」なので、謙譲《けんじょう》語を選びます。

(3)「行きます」の主語は「ぼく」なので、謙譲語を選びます。

大切 主語が誰《だれ》なのかをおさえます。

2 (1)**イ** (2)**ウ** (3)**ア**

解説

(1)「お～になる」という形の尊敬語です。

(2)「お～する」という形の謙譲語です。

(3)「あります」の丁寧《ていねい》語である「ございます」です。

3 (1)**エ** (2)**イ** (3)**ア** (4)**ウ**

解説

(1)「見る」の謙譲語です。

(2)「する」の尊敬語です。

(3)「言う」の謙譲語です。

(4)「いる・来る・行く」の尊敬語です。

4 (1)**ア** (2)**イ** (3)**ウ** (4)**ウ**

解説

(1)「ます」という丁寧語です。

(2)「言う」の尊敬語です。

(3)「ご～する」という謙譲語です。

(4)「言う」の謙譲語です。

5 (1)**イ** (2)**イ** (3)**ア** (4)**ア** (5)**イ** (6)**ア** (7)**ア** (8)**イ**

解説

(1)主語は「私」なので、謙譲語の「いただき」を選びます。

(2)主語は「お客様」なので、尊敬語の「おつきになり」を選びます。

(3)主語は「兄」という自分の身内なので、謙譲語の「まいり」を選びます。

(4)主語は「こちら」なので、謙譲語の「お渡《わた》し」を選びます。

(5)主語は「山本様」と「様」をつけて呼ぶ相手なので、尊敬語の「いらっしゃい」を選びます。

(6)主語は「父」という自分の身内なので、謙譲語の「おり」を選びます。

(7)外来語に「お」や「ご」はつけません。

(8)主語は「先生」なので、尊敬語を選びます。**ア**の「おいでになられ」は「お～になる」と「～れる・られる」を重ねて使っているので、まちがいです。

大切 敬語は二重に使わないようにしましょう。

6 (1)**イ** (2)**ウ** (3)**ア** (4)**エ**

解説

(1)外来語に「お」や「ご」はつけません。つける場合は、「お飲み物」など、和語や漢語に直して使います。

(2)こちらに「来る」のは相手なので、尊敬語を使います。

(3) 「お～になる」と「～れる・られる」とが二重に使われています。
(4) 「説明する」のは自分なので、謙譲語を使います。

22 方言と共通語

要点まとめ ▼本冊 P.74

①地域 ②**例** 語句 ③共通語 ④意味
⑤アクセント

23 話し言葉と書き言葉

要点まとめ ▼本冊 P.76

①主語 ②やはり ③そのほうが
④**例** 頭 ⑤**例** 片方

24 言葉の変化

要点まとめ ▼本冊 P.78

①いない ②今 ③外来語 ④新語
⑤略語 ⑥スプーン
⑦**例** リビングルーム

2章 文法

25 主語・述語

要点まとめ ▼本冊 P.80

①主語 ②アサガオも ③述語
④やさしい ⑤どんなだ ⑥冷たい
⑦逆

問題を解いてみよう！ ▼本冊 P.82

1
(1)ない (2)熱心だ (3)来るよ
(4)君だ (5)学校は (6)父が
(7)写真も (8)これこそ

解説
(1) 「時間が」どうするのか、どんななのか、何なのか、あるのかないのかを読み取ります。
(2) 「弟は」どうするのか、どんななのか、何なのか、あるのかないのかを読み取ります。
(3) 「友達も」どうするのか、どんななのか、何なのか、あるのかないのかを読み取ります。
(4) 「人は」どうするのか、どんななのか、何なのか、あるのかないのかを読み取ります。
(5) 何が「休み」なのかを読み取ります。
(6) 誰《だれ》が「たずねた」のかを読み取ります。
(7) 何が「あ」るのかを読み取ります。
(8) 何が「宝物」なのかを読み取ります。

2
（主語・述語の順に） (1)**イ・エ**
(2)**ア・エ** (3)**イ・エ** (4)**ウ・エ**
(5)**エ・イ** (6)**エ・イ**

解説
(1) 存在を表す述語の「いた」を見つけ、何が「いた」のかを読み取ります。
(2) ものの名前を表す述語の「部員です」を見つけ、誰が「部員」なのかを読み取ります。
(3) 様子を表す述語の「暗い」を見つけ、何が「暗い」のかを読み取ります。
(4) 動作を表す述語の「行きます」を見つけ、誰が「行」くのかを読み取ります。
(5) 「今日の気温はとても高いね。」と通常の語順に戻《もど》してから考えます。様子を表す述語の「高いね」を見つけ、何が「高い」のかを読み取ります。
(6) 「君の歌声は気持ちよくひびくよ。」と通常の語順に戻してから考えます。動作を表す述語の「ひびくよ」を見つけ、何が「ひびく」のかを読み取ります。「君の」は、「歌声（は）」を詳《くわ》しく説明する言葉なので、主語ではありません。

大切 語順が逆になっている場合は、通常の語順に直して考えます。

3 （主語・述語の順に）(1)絵は・ない (2)それこそ・夢なのだ (3)×・終わらせよう (4)×・行くよ (5)ニュースは・意外です (6)×・向かいます

解説

(1) 存在しないことを表す述語の「ない」を見つけ、何が「ない」のかを読み取ります。

(2) ものの名前を表す述語の「夢なのだ」を見つけ、何が「夢」なのかを読み取ります。

(3) 動作を表す述語の「終わらせよう」を見つけ、誰が「終わらせ」るのかを読み取ります。「終わらせよう」という言葉は、自分自身の意志を表すので、主語は「私（ぼく）」だとわかりますが、文中では省略されています。

(4) 動作を表す述語の「行くよ」を見つけ、誰が「行く」のかを読み取ります。「行くよ」という言葉は、自分自身の意志を表すので、主語は「私（ぼく）」だとわかりますが、文中では省略されています。

(5) 「今朝のニュースは実に意外です。」と通常の語順に戻してから考えます。様子を表す述語の「意外です」を見つけ、何が「意外」なのかを読み取ります。

(6) 動作を表す述語の「向かいます」を見つけ、誰が「向か」うのかを読み取ります。「向かいます」という言葉は、自分自身の意志を表すので、主語は「私（ぼく）」だとわかりますが、文中では省略されています。

大切 主語がない場合は、何が省かれているか考え、補って読む必要があります。

4 (1)**ウ** (2)**ア** (3)**イ** (4)**エ** (5)**ア** (6)**イ**

解説

(1) 述語は「見です」で、物の名前を表しています。主語は「こちらが」です。

(2) 述語は「吸う」で、動作を表しています。主語は「ちょうは」です。

(3) 述語は「おもしろい」で、様子を表しています。主語は「小説も」です。

(4) 述語は「あった」で、存在を表しています。主語は「出来事が」です。

(5) 述語は「しよう」で、動作を表していますが、「しよう」という言葉は意志を表すので、主語は「私（ぼく）」だとわかります。

(6) 主語は「さっき聞いた話はすばらしいよ。」と通常の語順に戻してから考えます。述語は「すばらしいよ」で、様子を表しています。主語は「話は」です。

26 修飾《しゅうしょく》語

要点まとめ ▼本冊 P.84

①ねこ ②修飾語 ③かわいい ④⑤昨日・友達と（順不同） ⑥した

問題を解いてみよう! ▼本冊 P.86

1 (1)**キ** (2)**エ** (3)**イ** (4)**カ** (5)**ア** (6)**オ** (7)**ウ**

解説

(1) 「どのような」花なのかを詳《くわ》しく説明する修飾語です。

(2) 「何を」書いたのかを詳しく説明する修飾語です。

(3) 「どこで」したのかを詳しく説明する修飾語です。

(4) 「どのように」降るのかを詳しく説明する修飾語です。

(5)「いつ」会うのかを詳しく説明する修飾語です。
(6)「誰《だれ》の」ノートなのかを詳しく説明する修飾語です。
(7)「誰に」話したのかを詳しく説明する修飾語です。

2

(1)**エ**　(2)**ウ**　(3)**ウ**　(4)**エ**

解説

(1)「とつぜん来た」とすると、意味が自然につながるので、**エ**を選びます。
(2)「かなり遅《おそ》くに」とすると自然につながり、「どのくらい」「遅」いかを詳しく説明しているので、**ウ**を選びます。
(3)「大きな木」とすると自然につながり、「どのような」「木」なのかを詳しく説明しているので、**ウ**を選びます。「桜の」も「木が」を修飾しています。
(4)「すっきりかたづいたね」とすると自然につながるので、**エ**を選びます。

大切　修飾語よりあとにある言葉から、適切につながる言葉を見つけます。

3

(1)**イ**　(2)**イ**　(3)**ア**　(4)**ウ**

解説

(1)「先生だ」を詳しく説明する言葉が入るので、「何の」先生かを説明する「小学校の」を選びます。
(2)「八〇ページを」を詳しく説明する言葉が入るので「教科書の」を選びます。
(3)「(水を)やる」を詳しく説明する言葉が入るので「たっぷり」を選びます。
(4)「飛ぶ」を詳しく説明する言葉が入るので、「仲良く」を選びます。「群れ」なので、**ア**は適切ではありません。

4

(1)父の・妹に・初めて
(2)母の・特別に
(3)二ひきの・白い・とても
(4)高校生の・一年間・あらゆる・国の・環境問題を

解説

(1)「父の」は「妹に」を、「妹に」「初めて」は「会った」を修飾しています。
(2)「母の」は「シチューは」を、「特別に」は「おいしい」を修飾しています。
(3)「二ひきの」「白い」は「ハムスターは」を、「とても」は「小さい」を修飾しています。
(4)「高校生の」は「兄は」を、「一年間」「環境《かんきょう》問題を」は「勉強した」を、「あらゆる」は「国の」を、「国の」は「環境問題を」をそれぞれ修飾しています。

大切　まず主語と述語を見つけ、言葉のつながりを考えます。

27 品詞

要点まとめ　▼本冊 P.88

①形容　②体言　③文　④存在　⑤多い
⑥正直だ　⑦体言　⑧用言

問題を解いてみよう!　▼本冊 P.90

1

(1)**エ**　(2)**ア**　(3)**ク**　(4)**オ**　(5)**イ**
(6)**キ**　(7)**カ**　(8)**ウ**　(9)**ア**

解説

(1)「お茶」と「紅茶」を接続しています。
(2)物事の数量や順序を表す言葉も名詞です。このような名詞を、数詞といいます。
(3)「道」の状態を表しています。
(4)感動を表しています。
(5)「遅《おそ》くなりました」を修飾《しゅうしょく》しています。
(6)どのような「とき」かという状態を表しています。
(7)「読む」は「ウ段」で終わります。
(8)「問題」という名詞を修飾しています。

(9) 何か別のものを示している代名詞です。

大切 活用するか・しないか、何を修飾しているのかなどに着目して判別しましょう。

2

(1) **感動詞・ウ** (2) **副詞・オ**
(3) **形容動詞・エ** (4) **連体詞・ア**
(5) **形容詞・イ**

解説

(1) 感動詞を選びます。「わあ」は感動を表します。
(2) 副詞を選びます。「ぜひ」は「〜ください」などの言葉と対応しています。
(3) 形容動詞を選びます。「親切だ」は「親切に」「親切な」などと活用します。
(4) 連体詞を選びます。「いろんな」は「人」を修飾します。
(5) 形容詞を選びます。「赤い」は「赤く」「赤けれ」などと活用します。

大切 それぞれの説明が、どの品詞について述べているかを正しく理解しましょう。

3

(1) そこ (2) いい (3) きれいだ
(4) ええ (5) たくさん (6) たいした
(7) 学ぶ (8) だから

解説

(1) 場所という物事を表し、主語になっています。
(2) 物事の性質や状態を表し、「い」で終わります。
(3) 物事の性質や状態を表し、「だ」で終わります。
(4) 応答の言葉です。
(5) 「ある」という動詞（用言）を修飾しています。
(6) 「こと」という名詞（体言）を修飾しています。
(7) 動作を表し、ウ段で終わる言葉です。
(8) 「頑張《がんば》った」という文と「成功するはずだ」という文をつないでいます。

大切 文の中でどのような働きをしているのかを考えましょう。

4

(1) **ウ** (2) **ア** (3) **ウ** (4) **イ** (5) **ア**
(6) **イ** (7) **イ** (8) **ア**

解説

(1) 常に体言（名詞）を修飾する連体詞です。**ア**と**イ**は名詞（代名詞）で、「が・は」がつくと主語になります。
(2) 活用し、「い」で終わる形容詞です。**イ**と**ウ**は名詞で、活用しません。
(3) 独立語になる感動詞で、あいさつを表します。**ア**は名詞、**イ**は接続詞です。
(4) 活用し、「ウ段」で終わる動詞です。**ア**と**ウ**は活用せず、主に用言を修飾する副詞です。
(5) 物事の性質や状態を表し、「だ」で終わる形容動詞です。**イ**は形容詞、**ウ**は動詞です。
(6) 「始まる」という動詞が名詞になったものです。**ア**は動詞、**ウ**は副詞です。
(7) 用言を修飾する副詞です。**ア**は接続詞、**ウ**は形容詞です。
(8) 前にある言葉が省略されていますが、前後の内容をつなげている接続詞です。**イ**は副詞、**ウ**は連体詞です。

28 伝わりやすい文

要点まとめ ▼本冊 P.92

①白鳥 ②私 ③鳴き ④泣き ⑤飛ぶ
⑥見つめた

問題を解いてみよう！ ▼本冊 P.94

1

(1) 迎えの人が来るまで待つ。／迎えの人が車で待つ。
(2) ねこは、必死で逃げるねずみを追

いかけた。／ねこは必死で、逃げるねずみを追いかけた。

(3) 大きい家の、ドアを開ける。／家の、大きいドアを開ける。

解説

(1)「くるまで」が、「来る／まで」なのか、「車／で」なのかをはっきりさせます。

(2)「必死」なのが「ねこ」か、「ネズミ」かをはっきりさせます。

(3)「大きい」のが「家」なのか、「ドア」なのかをはっきりさせます。

大切 読点（、）を打つと文がそこで切れ、直後の言葉にかからなくなるため、意味がはっきりします。

2

(1) 例 「した」が「下」なのか、「舌」なのかという点。

(2) 例 「ゆっくりと」がくわしくしているのが「向いて」なのか、「話し始めた」なのかという点。

(3) 例 「妹」は絵がうまいのか、うまくないのかという点。

(4) 例 宿題が一つも終わっていないのか、終わっていないのは一部だけなのかという点。

解説

(1) 漢字で表記すれば誤解を防げます。

(2)「向いて」のあとに読点（、）を打つか、「ゆっくりと」を「話し始めた」の直前に入れれば、意味がはっきりします。

(3)「私は妹とはちがって絵がうまくない。」「私も妹と同じく絵がうまくない。」などとします。

(4)「宿題は一つも終わっていない。」「宿題は全部終わったというわけではない。」などとします。

3

(1) 例 急に雨が降りだした。／しかし、かさを持っていなかったので走って帰った。

(2) 例 私は弟を連れてきた。／弟は本を読んでいる。

解説

(1) 二文目の初めに「しかし」「だが」などの逆接のつなぎ言葉を追加します。

(2)「私は―連れてきた」「弟は―読んでいる」という主語・述語の関係の文に分けます。

4

(1) 例 明日は正門横で、新聞や雑誌、古本などの古紙を回収します。

(2) 例 海を守る方法はいろいろあるが、レジ袋《ぶくろ》の有料化もその一つだ。

(3) 例 そうじについて先生から説明があります。美化委員は校庭に集まってください。

解説

(1)「回収します」が重複しています。

(2)「海を守る方法」が重複しています。

(3)「美化委員」が重複しているので、集合理由と集合場所を二文に分けて書きます。

29 対応する表現

要点まとめ ▼本冊 P.96

①打ち消し ②たり ③よごされた ④弟 ⑤述語 ⑥例 動作

問題を解いてみよう！ ▼本冊 P.98

1

(1) ウ (2) ア (3) イ (4) カ (5) エ (6) オ

解説

(1) 下の推量の言い方「だろう」と対応するのは「おそらく」です。
(2) 下の疑問の言い方「か」と対応するのは「なぜ」です。
(3) 下の打ち消しの言い方「ない」と対応するのは「決して」です。
(4) 下のたとえの言い方「ように」と対応するのは「あたかも」です。
(5) 下の願望の言い方「たい」と対応するのは「ぜひ」です。
(6) 下の仮定の言い方「ても」と対応するのは「たとえ」です。

大切 □のあとにある言葉を手がかりに、対応する言葉を見つけます。

2

(1) **エ**　(2) **イ**　(3) **ウ**　(4) **ア**

解説

(1) 「もし」と対応するのは仮定する言い方の**イ**か**エ**ですが、あとの「教えてください」に意味が自然につながるのは**エ**です。
(2) 「しか」は下に打ち消しの言い方がきます。したがって、**イ**があてはまります。なお、**ウ**は打ち消しの推量や意志を表し、「まさか雨は降るまい」「二度と行くまい」などと使います。
(3) 「まるで〜のような」は何かにたとえる表現です。
(4) 「よもや」は下に打ち消しの言い方がきて、否定の推量を表します。したがって、**ア**があてはまります。

3

(1) 例 つながると思います
(2) 例 つけることだ
(3) 例 ぼくは昼食に
(4) 泣かれて　(5) 植えられた

解説

(1) 主語と述語をつなげると「私はつながります」となってしまうので、「私は」という主語と自然につながるように、述語を「思います」などと直します。
(2) 主語の「目標は」から続けて読んでも自然につながるように、述語を「つけることだ」などと直します。
(3) 主語を「ぼくは」にすれば、述語の「食べたい」に自然につながります。また述語と重複するため、「食べたいのは」は必要ありません。
(4) 赤ちゃんの泣く動作を受けているので「泣かれて」と受け身の形にします。
(5) 主語の「木は」と述語の「植えた」を続けて読むと対応していないことがわかります。

4

(1) 例 私のしゅみはアニメを見ることです。
(2) 例 ねこの好きなところは気まぐれなところです。
(3) 例 今日は強い雨や風による悪天候だった。
(4) （妹は）父にほめられた。（父は）妹をほめた。

解説

(1) 解答例のほかに、「アニメを見ることが私のしゅみです」なども正解です。
(2) 解答例のほかに、「ねこの気まぐれなところが好きです。」なども正解です。
(3) 「強い雨」に対応する、動作を表す言葉を追加しても正解です。
(4) 動作を受けている人（＝妹）が主語のとき、述語は受け身になります。

30 文の組み立て

▼本冊 P.100

要点まとめ

①一つ　②修飾　③述語　④同じ
⑤割ったのは　⑥主語

③章 読解

31 接続語

要点まとめ ▼本冊 P.102

①おいしかった　②おかわりした
③読書　④サッカー　⑤例 理由
⑥例 逆　⑦例 話題
⑧例 だから（それで・したがって）
⑨例 しかし（でも・けれど・ところが）
⑩例 具体例

問題を解いてみよう！ ▼本冊 P.104

1 (1)イ　(2)ア　(3)エ

解説

(1) 宿題が「終わった」「終わっていない」という、逆の内容が前後で述べられているので、「しかし」を選びます。

(2) 「かぜを引いた」ことの理由が、あとで述べられているので、「なぜなら」を選びます。

(3) 「十人のうち、五人が正解した」ことを、「正答率は五割」と言いかえて説明しているので、「つまり」を選びます。

大切 前の内容とあとの内容が、どのような関係になっているのかをおさえます。

2 (1)ウ　(2)エ

解説

(1) 「だから」という接続語があるので、「友達が、おすすめの本を教えてくれた」ことから順当につながるもの、つまり、教えてくれた本を読むという行動を表す**ウ**を選びます。

(2) 「それとも」という接続語があるので、「今夜見たいテレビ番組」として、「お笑い番組」以外の候補を挙げている**エ**を選びます。

大切 接続語を手がかりに、前の部分からどのようにつながるのが適切かを考えます。

3 (1)Aウ　Bエ　Cア　(2)ア　(3)イ

解説

(1) [A]の前では、時計の針の回る方向が決まっていることが述べられています。[A]のあとでは、それが日本だけでなく海外でも同様であることが述べられています。内容をつけ足しているので、「しかも」を選びます。

[B]の前では、時計の様式が世界で統一されていることが述べられています。[B]のあとでは、「世界では様式が統一されていないことが多いはず」という内容が述べられています。反対の内容をつないでいるので、「しかし」を選びます。

[C]の前では、「道路」や「電圧」の様式が日本と海外とでちがうことが述べられています。[C]のあとでは、そのちがいによって「車も……電気製品も世界共通では使えません」ということが述べられています。前の内容から順当に考えられる内容があとで述べられているので、「したがって」を選びます。

(2) 「ので」の前では海外製の時計も日本製の時計も「右に回る」ことが述べられ、あとでは海外製の時計を日本で使うことも日本製の時計を海外で使うこともできることが述べられています。海外製の時計も日本製の時計も同じつくりになっていることが、つくられた国でなくても使用できることの理由となるので、「ので」は理由を表すといえます。

(3) [D]の前では、「言語も何千にも分かれ、度量衡《どりょうこう》にもさまざまな単位が使われていて戸惑《とまど》います」と述べられています。[D]のあとでは、「時計だけは万国《ばんこく》共通」と述べられています。日本と海外でちがうか同じかという点で、前後で反対の内容が述べられているので、逆接のつなぎ方をする「が」を選びます。

32 指示語

要点まとめ ▼本冊 P.106

①（今夜、テレビで放映される）おもしろいドラマ　②指示　③こそあど　④相手　⑤遠回り　⑥あと　⑦行うことが大切だ

問題を解いてみよう！ ▼本冊 P.108

1 (1)**イ**　(2)**ア**

解説

(1) 指示語「それ」の指し示す内容は、「それ」より前にあると見当をつけ、さらに、「それ」は、『挑戦《ちょうせん》しなかった』ということと同義だ」という部分にも着目します。この文章の本題は、「挑戦すると過《あやま》ちをおかすが、大事なことは、おかした過ちを糧《かて》にして同じ過ちをくり返さないことだ」ということです。したがって、「挑戦しなかった」ことと同義である「それ」とは、「過ちのない人生というもの」です。

(2) 「糧」とは「活動力のもとになるもの、支えになるもの」のことです。何を「糧」にしたら同じ過ちをくり返さないようになるかを読み取ります。

2 (1)**ウ**　(2)**イ**

解説

(1) 「挑戦すること」は、何（誰《だれ》）の特権なのかを読み取ると、前の部分から「若者の特権」とわかります。

(2) 「次のようなこと」とあるので、指し示す内容はあとに述べられていることがわかります。

3 (1)なかった」

(2)（多くの）外国人技師

(3)例 当時の村人が、キツネやタヌキやムジナにだまされていたこと

(4)山奥のある村（山奥の村）

解説

(1) 「こんな話」がどのような話であるかは、続く文「明治時代に入ると……」から説明されています。「……外国人たちは、けっしてして動物にだまされることはなかった」までがその内容です。「こんな話」の指し示す内容は、指示語よりあとにきています。

(2) 「その」は、直前の一文の内容を指し示しているので、そこから解答欄《かいとうらん》に合うように書き抜《ぬ》きます。

(3) 「それが……日常だった」という主語・述語関係に着目し、何が「（ありふれた）日常だった」のかを読み取っていきます。「キツネやタヌキやムジナにだまされながら暮らしていた」日々が、当時の村人にとっては、「（ありふれた）日常だった」ということです。

(4) 文章の初めに「かつて山奥《やまおく》のある村で……」とあります。また、「この山奥の村にも……」ともあります。したがって、「この村」とは、「山奥のある村」「山奥の村」ということになります。

大切 指し示す内容に見当がついたら、それを指示語と置きかえて読み、確認《かくにん》してみましょう。

33 理由・原因と結果

要点まとめ ▼本冊 P.110

①あと　②理由・原因　③祝日　④責任者　⑤結果

34 具体例

要点まとめ ▼本冊 P.112

①（いろいろな）産地　②具体例
③ペンギンやダチョウ　④イルカ
⑤和食　⑥カレー

35 事実と意見

要点まとめ ▼本冊 P.114

①事実　②例 成長する時期　③栄養
④食べる　⑤意見　⑥食べられない
⑦健康　⑧大切　⑨例 マナーの悪さ
⑩環境問題　⑪行動できる世の中
⑫無視する

36 段落

要点まとめ ▼本冊 P.116

①チワワ　②飼ってみたい　③意味段落
④話題　⑤説明

問題を解いてみよう！ ▼本冊 P.118

1
(1) 4　(2) 3　(3)見えないもの
(4) ア

解説

(1) 1～3段落は「比喩《ひゆ》」と本の関係についての話、4・5段落は「本の文化」について、さらにほり下げた話です。

(2) 「比喩」について述べている1～3段落のうち、1段落は本を立てたときに見える部分を背もしくは背中にたとえるきっかけの推測の話です。2段落は1段落を受けて同様の比喩を紹介《しょうかい》したのち、比喩とは文化であると述べています。3段落は「比喩」の定義について述べ、「本の文化」との関係を説明している段落です。

(3) 文章の2～3行目に「自分では見えないものを背負って生きているのが、人間です」とあり、11～13行目に「人間が自分の見えないものを見る方法として本というものを必要としている」とあるところから考えます。

(4) 1段落で、本は人間が「自分の見えないものを見る」ことを可能とするものであると筆者は考えています。その重要性を2～4段落で重ね重ね説明し、5段落でも強調しています。そして、最後に「にもかかわらず今は……」とあるように、現代の人間が本を「自分の見えないものを見る」というふうには活用していないことを危惧《きぐ》して、警《けい》鐘《しょう》を鳴らしています。

37 言動・様子

要点まとめ ▼本冊 P.120

①言動　②様子　③変化　④登場人物
⑤例 開かない

38 心情

要点まとめ ▼本冊 P.122

①ゆううつ
②（耳のつけ根まで）顔を赤らめた
③手がふるえた　④例 感動
⑤話すこと　⑥釣り　⑦気が合う

問題を解いてみよう！ ▼本冊 P.124

1
(1) 例 間髪入れずに賛成してくれた（13字）　(2) ア・エ　(3) イ
(4) 興奮を隠せない様子

解説

(1) ——線①のあとに、風味《ふうみ》が文化祭の看板に描《か》く絵について提案をしたところ、優理《ゆり》が「間髪《かんはつ》入れずに」、「賛成してくれた」と述べられています。この部分を解答欄《かいとうらん》に合うようにまとめましょう。

(2) 「風味は大いに張り切っていた」ことの理由については、——線②の直後に二点述べられています。一点目は、「小学校のころからずっと憧《あこが》れていた看板が描ける」からです。二点目は「しかも、描くのは大好きなルークだ。どんなに素敵《すてき》なルークを描くか、考えただけで、胸がわきたった」とあります。

(3) 風味は、「見本のポスターを見ながら、まず優理が全体にざっとアウトラインを描いた」のを見て、「バランスが良」く、「ルークが飛び出してきそう」な様子におどろき、「さすがに優理はうまかった」と感じています。

(4) 「鼻息を荒《あら》くする」は、意気ごんでいる様子を表す言葉です。また、——線④の直後に、「すばらしい看板が目の前に迫《せま》ってきたような気がしたからだ」とあります。風味は、看板を「絶対かっこよく描こうね」と優理に言い、優理も同じように「歴代でいちばんの出来にしよう」と「興奮を隠《かく》せない様子」で、ここからも二人の意気ごむ気持ちが読み取れます。

39 情景

要点まとめ ▼本冊 P.126

①（深い）川 ②季節 ③例 きらめく ④例 沈んだ ⑤例 引きさかれて ⑥例 入院 ⑦例 心配 ⑧退院 ⑨帰り

40 表現技法

要点まとめ ▼本冊 P.128

①体言（名詞） ②そんなにあわてて ③声が聞こえる ④じゅうたん ⑤泣いている

41 季節の表現

要点まとめ ▼本冊 P.130

①季語 ②冬 ③ひな祭り ④夏 ⑤例 季節 ⑥春 ⑦例 稲

42 資料の読解

要点まとめ ▼本冊 P.132

①説明書 ②見出し ③（一日の）睡眠時間 ④8時間以上 ⑤スポーツ

43 古文の読解

要点まとめ ▼本冊 P.134

①使い ②えい ③おのこ ④はじ ⑤かい ⑥せん ⑦きゅう ⑧が

完成テスト

言葉・文法編 ▼本冊136ページ

1 (1)オ　(2)イ　(3)エ　(4)ア　(5)ウ

解きかた

(1) 公的な機関ではなく、私的な機関が設立したものを「私立」といいます。

(2) 「収入」と「支出」の両方を指す熟語です。

(3) 「書を読むこと」が「読書」です。

(4) 「混ざる」と「乱れる」という似た意味の語を合わせて「混乱」という熟語になります。

(5) 「前の日」という意味です。

大切 一字ずつの漢字の意味を考えて熟語の構成を判断します。

2 (1)平面　(2)権利　(3)内容　(4)任意　(5)集合

解きかた

(1) 高さのある「立体」と、高さのない「平面」が対《つい》になる言葉です。

(2) しなくてはいけないことである「義務」と、してもよいことである「権利」が対になる言葉です。

(3) 表面をとらえた「形式」と、中身をとらえた「内容」が対になる言葉です。

(4) 選ぶ余地なくさせられることの「強制」と、しないということも選べる「任意」が対になる言葉です。

(5) 散り散りになることの「解散」と、集まってくることの「集合」が対になる言葉です。

3 (1)エ　(2)イ　(3)オ　(4)ウ　(5)ア

解きかた

(1) 急いでいるときほど、回り道をしたほうがうまくいくということを表しています。

(2) かっぱのような泳ぎの名手でも、ときにはおぼれることもあるということを表しています。

(3) 二階のような高い場所から目薬を落としても、なかなか目に入らないだろうということを表しています。

(4) 焼けた石に水をかけてもなかなか冷やすことはできないということを表しています。

(5) えびのような小さく安いもので、鯛《たい》のような大きく高価なものを釣《つ》るということを表しています。

大切 まずはそのことわざが表す様子を思いうかべ、そこからどのような意味や教訓が導けるのかを考えましょう。

4 (1)前・後　(2)二・鳥　(3)独・独　(4)口・音　(5)意・投

解きかた

(1) 「空前絶後」とは、前にも後にもないと考えられること、つまり非常にめずらしいことを表す四字熟語です。

(2) 「一石二鳥」とは、同時に二つの効果があるということを表す四字熟語です。

(3) 「独立独歩」とは、だれの助けも借りずに自分一人でものごとを行うということを表す四字熟語です。

(4) 「異口同音」とは、その場にいる別々の人たちが同じようなことを言うということを表す四字熟語です。

(5) 「意気投合」とは、おたがいに気持ちが合うことを表す四字熟語です。

大切 四字熟語は二字の熟語＋二字の熟語で構成されているものがほとんどです。まずは熟語の構成を考え、そこから意味を考えてみましょう。

5 (1)すすまれる　(2)おおしえする　(3)ございます　(4)おもどりになる　(5)いただく

解きかた

(1) 「れる」をつけることで尊敬語にすることができます。

(2) 「お～する」の形で謙譲《けんじょう》語にすることができます。

(3) 「です」「ます」「ございます」の形が丁寧《ていねい》語です。

(4) 「お～になる」の形で尊敬語にすることができます。

(5) 尊敬語の「召《め》し上がる」とまちがえないようにしましょう。

大切 動作の主体が自分側なのか、敬意を表現したい相手側なのかを考えることで、謙譲語を使うべきなのか、尊敬語を使うべきなのかが判断できます。動作の主体が自分側ならば謙譲語を、相手側ならば尊敬語を使います。

6

(1) **カ**　(2) **エ**　(3) **ク**　(4) **ア**　(5) **イ**

(6) **ケ**　(7) **オ**　(8) **コ**　(9) **ウ**　(10) **キ**

解きかた

(1) 「着る」という動詞が変化した形です。

(2) 「安い」ことに加えて、さらに「機能的」であることを示している接続詞です。

(3) 「きれいだ」という形容動詞が変化した形です。

(4) 「暑い」という形容詞を変化させ、主語になれる形にした言葉です。

(5) 「行く」という動詞にかかり、形が変化しない言葉です。

(6) それだけでは文節をつくることができず、形が変化しない言葉です。

(7) 文の中で、独立した意味をもつ言葉です。

(8) それだけでは文節をつくることができず、形が変化する言葉です。

(9) 「こと」という名詞にかかり、形が変化しない言葉です。

(10) 「苦しい」という形容詞が変化した形です。

大切 副詞と連体詞は混同しやすいので気をつけましょう。副詞は主に用言（動詞・形容詞・形容動詞）にかかり、連体詞は必ず体言（名詞）にかかるというところから区別します。連体詞は例外なく「な」「が」「た」「の」「る」のいずれかで終わることを覚えておくとよいでしょう。

7

(1) **エ**　(2) **ア**　(3) **ア**　(4) **エ**　(5) **イ**

解きかた

(1) 「ちっとも聞かない」とつながります。

(2) 「あらゆることが」とつながります。

(3) 「もっと小さい」とつながります。

(4) 「少しだけ飲む」とつながります。

(5) 「かわいい絵を」とつながります。

大切 修飾される言葉を見つけるときには、修飾語がどの言葉と直接つながっているかを考えます。

8

(1) **エ**　(2) **イ**　(3) **ウ**　(4) **ア**　(5) **イ**

解きかた

(1) 述語の「いる」は存在を表しています。

(2) 述語は「静か」な様子を表しています。

(3) 述語は「役員だ」で、何であるかを表しています。

(4) 述語は「かむ」動作を表しています。

(5) 述語は「楽しい」様子を表しています。

大切 文の型は述語で決まります。述語が「ない」以外の形容詞、形容動詞であれば「どんなだ」、動詞であれば「どうする」、「名詞＋だ（である）」であれば「何だ」となります。

9

(1) 例 こぼして

(2) 例 話せることだ

(3) 例 反対されても

(4) 例 大きい、家が写っている

（家が写っている大きい）

(5) 例 姉は急いで、走る犬を（姉は走る犬を急いで）

解きかた

(1) 主語が「弟が」ですから「こぼして」にします。

(2) 「長所は」という主語に合わせた形に述語を変化させます。

(3) 「たとえ」は、あとに「〜ても」という言葉が続きます。

(4) 「大きい」が「家」にかかるのではないことを、読点の位置で示します。

(5) 「急いで」のあとに読点を打つと、「急いで」が「姉」の様子だとわかります。

完成テスト

読解編

▼本冊 140ページ

1

(1) **ア**

(2) 例 まとめサイトだけを見ること。

(3) どうやら、

(4) 情報

解きかた

(1) 前後の内容を見ると、対立している内容なので、逆接の接続詞（文の成分としては接続語）の「しかし」があてはまります。

(2) 知りたいことが簡単にまとめてある「まとめサイト」だけを見て、わかった気になる人がいるということです。

(3) 「……表面だけサーッと撫《な》でてキーワードだけ拾っており、詳《くわ》しいところまでは読んでいない……」からです。

(4) ①段落に「インターネット上にある情報の量はすごい」とあるので、「海」は「情報」の多さをたとえていることがわかります。

大切 接続語や指示語を手がかりに、文章の前後関係をおさえて読みましょう。

2

(1) a **ア** b 本

(2) B 秋 C 冬

解きかた

(1) 1・2行とも「本」で終わり、さらには、「蝶」を「本」にたとえています。

(2) Bの短歌は「コスモス」、Cの俳句は季語の「雪」に着目します。

大切 詩・短歌・俳句は、季語や表現技法に注目して読みましょう。

3

(1) 明日か〜いない (2) **エ**

(3) ヒデさん (4) エリカ

解きかた

(1) 「ヒデさんの目、すごく真剣《しんけん》だ。それはそうだよね」のあとに理由が書かれています。

(2) ヒデさんは、自分のキサゲの作業に「よし、それでいいんだ」とおじいちゃんがうなずいたので、喜んでいるのです。

(3) (3)はヒデさんとのやりとりにおける反応で、(4)は自分の行動を見ていたエリカに対する反応です。

4

イ

解きかた

アは「全回答者数の半数以上」が誤りです。**イ**は「心身の健康」の回答者数「9」は、「部員同士の交流」の回答者数「27」の三分の一なので、正しいです。**ウ**は「回答者数の倍以上」が誤りです。

のびしろチャート

完成テストの結果から、きみの得意分野とのびしろがわかるよ。中学に入ってからの勉強に役立てよう。

のびしろチャートの作り方・使い方

①分野ごとに正答できた問題数を点●でかきこもう。
②すべての分野に点●をかきこめたら、順番に線でつないでみよう。

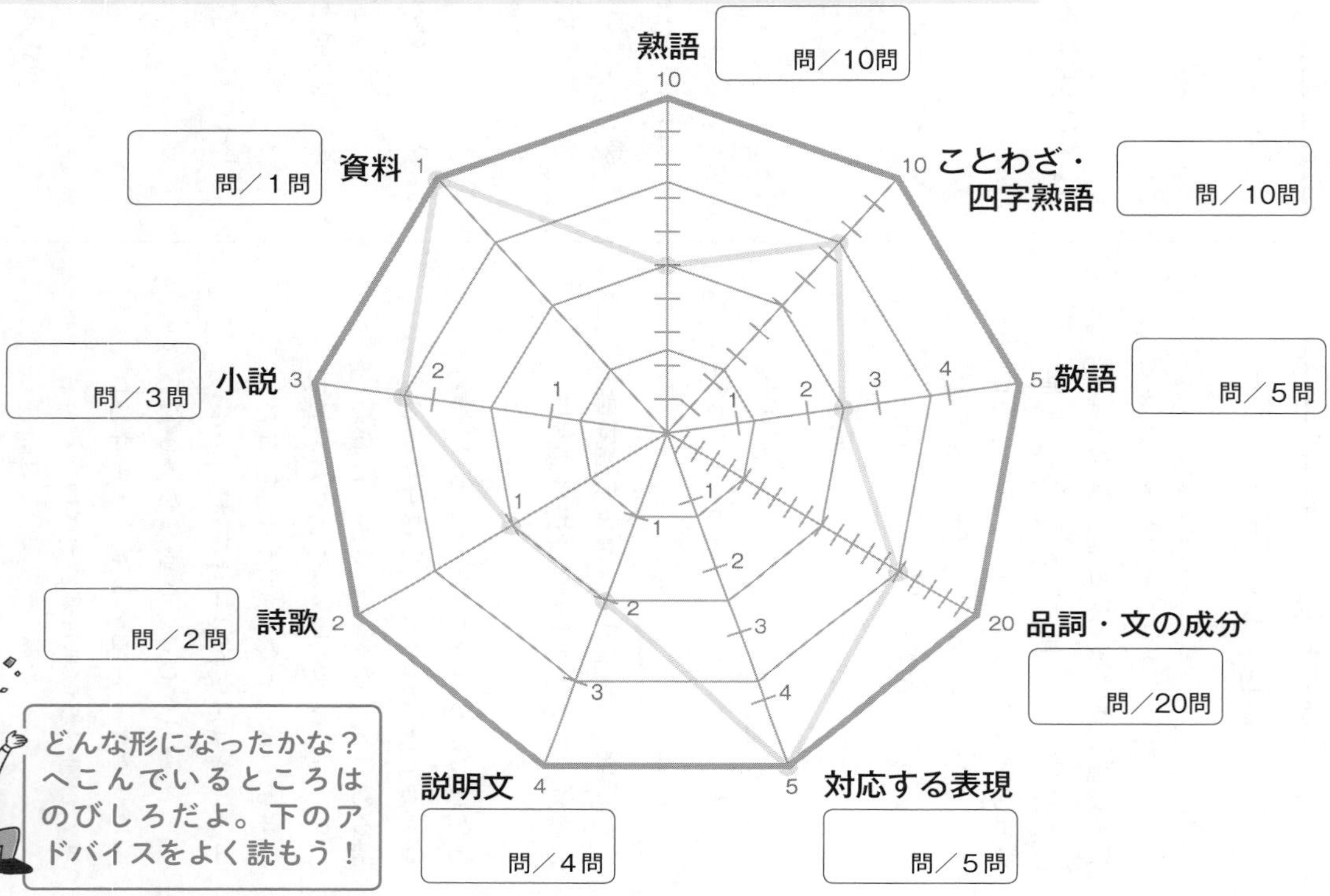

どんな形になったかな？へこんでいるところはのびしろだよ。下のアドバイスをよく読もう！

中学校に入る前にしっかりわかる！ アドバイス

分野	問題	アドバイス
熟語	言葉・文法編1・2	熟語に使われている漢字のそれぞれの意味を考えると、構成がわかりやすいよ。
ことわざ・四字熟語	言葉・文法編3・4	どのような場面で使われるのかを頭にうかべると、理解しやすくなるよ。
敬語	言葉・文法編5	誰の誰に対する敬語なのかを理解することが大切だよ。
品詞・文の成分	言葉・文法編6・7・8	文を区切って読み、先に述語を見つけると、主語や修飾語をとらえやすくなるよ。
対応する表現	言葉・文法編9	あとに決まった言い方がくる言葉の種類をおさえよう。
説明文	読解編1	接続語や指示語を一つ一つおさえながら読んで、文章の流れをつかむことが大切だよ。
詩・短歌・俳句	読解編2	季語や表現技法を覚えておこう。情景や心情を読み取ると理解しやすくなるよ。
物語	読解編3	登場人物の言動・様子や心情に注目しよう。どのような情景が描かれているのかも読解の手がかりになるよ。
資料	読解編4	資料の数値や項目、書かれている情報に注目しよう。